MANUEL DU SOLDAT D'INFANTERIE

NOUVELLE ÉDITION

AVEC LES DERNIERS RÈGLEMENTS

PARIS

GH. TANERA, ÉDITEUR

MANUEL

DU

SOLDAT D'INFANTERIE

SOMMAIRE

DU MANUEL DU SOLDAT

ÉVREUX, IMPRIMERIE DE CHARLES HÉRISSEY.

MANUEL
DU SOLDAT
D'INFANTERIE

NOUVELLE ÉDITION

Entièrement revue, augmentée et mise en harmonie

AVEC LES DERNIERS RÈGLEMENTS

PARIS

CH. TANERA, ÉDITEUR

LIBRAIRIE POUR L'ART MILITAIRE ET LES SCIENCES

Rue de Savoie, 6

1877

MANUEL

DU

SOLDAT D'INFANTERIE

CHAPITRE PREMIER

DE LA PROFESSION DES ARMES

D. — Quelles doivent être les pensées du jeune soldat à son arrivée au régiment ?

R. — Qu'il est admis à la plus noble des professions, celle des armes. A partir de ce jour, tout ce qu'on exige de lui contribue à la grandeur nationale ; son sort est intimement lié à celui de la Patrie, dont il est appelé à partager la gloire ou les infortunes.

D. — Que représente le drapeau ?

R. — Le drapeau est l'image de la Patrie ; il est aussi l'emblème de l'honneur et de la gloire du régiment. Les soldats ont le devoir de se rallier autour de lui, s'il court quelque danger, pour le sauver, ou mourir.

D. — A quelles qualités reconnaît-on le bon soldat ?

R. — A sa constance à supporter les fatigues et les privations; à sa bravoure et à son sang-froid dans le danger; à son dévouement, en toutes circonstances, à l'honneur militaire, à ses chefs et à ses camarades.

D. — Qu'est-ce que l'honneur militaire?

R. — L'honneur militaire consiste dans l'accomplissement de tous les devoirs du soldat. Ainsi celui qui faiblit devant l'ennemi, ou qui ne porte pas secours à un homme en danger, ou qui ne prête pas main forte à l'autorité pour le rétablissement de l'ordre, ou qui contracte des habitudes d'ivrognerie, ou qui se livre à des voies de fait, ou qui ne rougit pas du mensonge, de la délation, manque à l'honneur militaire.

D. — Quels sont les gardiens naturels de l'honneur militaire?

R. — L'honneur militaire est le bien de tous les soldats, et celui qui y porte atteinte doit être blâmé et méprisé de ses camarades. C'est son premier châtiment.
Un bon soldat doit tout faire pour empêcher un camarade de faillir à l'honneur.

D. — La belle conduite d'un soldat n'est-elle pas doublement honorée?

R. — Un soldat qui accomplit une belle action ne s'honore pas seulement lui-même, mais encore sa compagnie, son régiment. Car le général, en le citant à l'ordre, ne se borne pas à dire : Le soldat *un tel* s'est conduit courageusement...; mais bien : Le soldat *un tel* de telle compagnie de tel régiment s'est conduit courageusement...

D. — Mais l'indignité d'un soldat ne rejaillit-elle pas, elle aussi, sur le corps dont il fait partie?

R. — L'inconduite habituelle de quelques hommes donne un mauvais renom à un régiment, et il est de l'intérêt de tous de ramener dans la bonne voie ceux qui en sont sortis. Un acte de lâcheté peut aussi rejaillir sur tout un régiment, surtout si les camarades ne s'y sont pas opposés de tout leur pouvoir.

CHAPITRE II

SERVICE INTÉRIEUR

PRINCIPES GÉNÉRAUX DE LA DISCIPLINE ET DE LA SUBORDINATION

D. — Qu'appelle-t-on discipline militaire ?

R. — C'est l'observation rigoureuse des règlements, l'obéissance entière et une soumission de tous les instants à ses supérieurs.

D. — Le soldat a-t-il quelquefois le droit de s'affranchir lui-même des règles de la discipline ?

R. — Non, jamais. Au milieu des plus grandes fatigues, il doit attendre que certaines libertés d'allure, que peuvent exiger des circonstances particulières, soient prescrites par son chef; et il ne doit se relâcher ni de son zèle, ni de son attention. Plus les circonstances seront difficiles, mieux il fera apprécier ses véritables qualités militaires par le strict et continuel accomplissement de tous ses devoirs.

D. — Qu'est-ce que la subordination ?

R. — C'est l'ordre de dépendance de l'inférieur au supérieur. Elle s'exerce de grade à grade.

D. — A qui le soldat doit-il obéir ?

R. — Le soldat doit l'obéissance à tous les gradés.

D. — N'y a-t-il pas des cas où un soldat doit obéir à un autre soldat ?

R. — En l'absence de tout gradé, l'autorité et la responsabilité passent au soldat de 1re classe le plus ancien de service. Les autres soldats doivent lui obéir comme s'il était caporal.

D. — Un soldat a-t-il le droit de réclamer contre un ordre donné ?

R. — Oui ; mais il doit d'abord exécuter sans retard l'ordre qu'il a reçu. Sa réclamation ne peut être admise qu'à cette condition ; faite avant d'avoir obéi, elle entraîne une punition sévère.

D. — A quelle autorité doit-il adresser sa réclamation ?

R. — Au chef immédiat du gradé qui lui a donné cet ordre. Ainsi si c'est son caporal qui lui a donné l'ordre, il réclamera à son sergent ; si c'est son sergent, au sergent-major, et ainsi de suite.

D. — Que doit faire un soldat si quelque chose s'oppose à l'exécution d'un ordre qu'il aurait reçu ?

R. — En prévenir sans retard le chef qui lui a donné cet ordre, et, s'il lui est impossible de trouver ce chef, avertir un autre de ses supérieurs présents.

D. — Si, avant ou pendant l'exécution d'un ordre reçu, il en reçoit un autre contraire au premier, que doit-il faire ?

R. — Il doit faire connaître au chef qui lui a parlé le dernier l'ordre qu'il a reçu d'abord ; si, malgré cela, ce supérieur lui prescrit de se conformer au dernier ordre reçu, le soldat obéit ; il n'est plus alors responsable de l'inexécution du premier ordre.

D. — Quel est le chef immédiat du soldat ?

R. — Le caporal d'escouade.

D. — A qui un soldat adresse-t-il une demande qu'il veut faire par la voie du rapport ?

R. — Au sergent-major de la compagnie qui la soumet au capitaine.

MARQUES EXTÉRIEURES DE RESPECT

D. — Quelles sont les marques de respect que les soldats doivent à leurs supérieurs ?

R. — Tout militaire doit en toutes circonstances, même en dehors du service, de la déférence et du respect aux grades qui sont supérieurs au sien, quels que soient l'arme et le corps auxquels appartiennent ceux qui en sont revêtus. L'inférieur salue le premier.

Les soldats décorés de la croix de la Légion d'honneur ou de la médaille militaire ont droit au salut des autres soldats.

D. — Quelles sont les formes du salut ?

R. — Les soldats saluent en portant la **main** droite au côté droit de la visière du schako ou du képi, la paume de la main en dehors, le coude à hauteur de l'épaule.

Tout soldat qui est assis se lève pour saluer un officier, et se tourne de son côté.

D. — Un soldat qui porte un objet dans la main droite est-il, pour cette raison, dispensé de saluer son supérieur ?

R. — Il doit placer, s'il le peut, cet objet dans la main gauche pour saluer de la main droite.

D. — A quelle distance de son supérieur le soldat doit-il saluer ?

R. — Arrivé à cinq pas de la personne à saluer, le soldat commence à porter la main à sa coiffure, de manière que le supérieur voie le salut terminé et puisse le rendre.

D. — Le salut se renouvelle-t-il dans une promenade ou dans tout autre lieu public ?

R. — Non.

D. — Quelle attention doit avoir un soldat en passant près de son supérieur ?

R. — De ne jamais le coudoyer, ni lui couper le chemin ; il doit toujours lui céder le pas, et, s'il y a foule ou embarras, s'effacer pour le laisser passer.

D. — Quelle contenance doit avoir un soldat lorsqu'il parle à un officier ?

R. — Tout soldat parlant à un officier prend une attitude militaire, les talons sur la même ligne et joints, les mains placées réglementairement, la tête droite et immobile ; il tient son képi dans la main droite tant que l'officier ne l'a pas invité à se couvrir. S'il est en schako, il fait d'abord le salut militaire et prend ensuite la position du soldat sans arme.

D. — Un soldat en schako se découvre-t-il chez son supérieur ?

R. — Il ne se découvre chez son supérieur que lorsque celui-ci l'y autorise.

D. — D'autres personnes que les chefs militaires n'ont-elles pas droit au salut des soldats ?

R. — Les militaires doivent aussi le salut aux fonctionnaires civils en costume, tels que le préfet, le sous-préfet, le maire ceint de son écharpe.

D. — Comment salue un soldat porteur de son fusil ?

R. — En passant près des officiers, il porte l'arme sans s'arrêter.

D. — De quelle manière un planton porteur de son fusil remet-il une dépêche à un officier ?

R. — Il se met au port d'arme, donne la dépêche de la main gauche, et va attendre à quelques pas de distance, et l'arme au pied, la réponse ou le reçu.

D. — Et si la dépêche est adressée à un officier supérieur ?

R. — Le soldat présente l'arme, la contient de la main gauche et remet la dépêche de la main droite.

DEVOIRS AU LEVER

D. — Quels sont les premiers devoirs des soldats au réveil ?

R. — Au réveil, les soldats se lèvent, découvrent les lits, ouvrent ensuite les fenêtres pour renouveler l'air, et répondent à l'appel que fait le caporal de chambrée.

D. — Quels sont les soins de propreté que doivent avoir les soldats ?

R. — Ils se nettoient la tête et se lavent les mains et le visage.

- *D*. — Que font-ils ensuite ?

R. — Ils font leur lit et mettent tous leurs effets dans l'état de propreté et d'arrangement prescrit. Ceux qui sont commandés de service et ceux qui sont désignés pour les classes d'instruction, se préparent.

D. — Que doit faire l'homme de chambre ?

R. — L'homme de corvée, commandé à tour de rôle parmi ceux de la chambrée, nettoie la table, les bancs, balaie la chambre, dépose les ordures dans le corridor, enlève la poussière sur le râtelier d'armes et la planche à pain, et remplit la cruche.

POLICE DE LA CHAMBRÉE

D. — Quelles sont les règles de police de la chambrée ?

R. — Toute action ou toute parole contre le bon ordre sont formellement interdites aux soldats, ainsi que les jeux lorsqu'ils occasionnent des querelles.

Il est défendu de fumer au lit, de battre les habits dans les chambres, de se servir des draps ou des couvertures pour s'essuyer et de retirer de la paille des paillasses.

Les soldats ne doivent pas se coucher sur leur lit avec leurs souliers ni placer aucun effet entre la paillasse et le matelas.

Ils ne doivent pas non plus se prêter leurs effets d'habillement, de grand équipement et d'armement.

D. — Quels sont les devoirs des soldats à l'appel du soir ?

R. — Les soldats répondent à l'appel du soir fait par le caporal de chambrée en présence de l'officier de semaine ou du sergent-major.

D. — Les soldats peuvent-ils se servir de leur képi pour la nuit et se couvrir de leur capote ?

R. — Ils ne doivent pas se servir de leur képi pour la nuit; ils ne se couvrent avec leur capote que lorsque l'autorisation en a été donnée au rapport.

D. — Qu'est-il fait au signal de l'extinction des feux ?

R. — La lumière est éteinte.

D. — Les soldats peuvent-ils s'absenter de la chambre après l'extinction des feux ?

R. — Il est défendu aux soldats de s'absenter de la chambre, si ce n'est pour aller aux latrines.

VISITES D'OFFICIERS

D. — Que font les soldats quand un officier entre dans une chambre ?

R. — Quand un officier entre dans une chambre, le caporal commande : *Fixe;* les soldats se lèvent, se découvrent s'ils sont en képi, gardent le silence et l'immobilité jusqu'à ce que l'officier soit sorti ou qu'il ait commandé : *Repos.*

D. — Que font-ils quand c'est un officier général ou supérieur ?

R. — Si c'est un officier général ou supérieur, le caporal commande : *A vos rangs;* les soldats se placent au pied de leur lit; lorsqu'ils y sont, le caporal commande : *Fixe.*

TENUE DES CHAMBRES

D. — Comment est indiquée la place de chaque soldat dans la chambrée ?

R. — Chaque soldat a, à la tête de son lit, une planchette où est écrit son nom, ainsi que le numéro de son fusil.

D. — Comment et dans quel ordre sont placés les effets ?

R. — Les effets sont placés sur la planche de la manière suivante :

La tunique pliée en deux, la doublure en dehors.

Les pantalons de toile, le pantalon de drap.

La veste pliée en deux, la capote pliée en quatre, la doublure également en dehors.

La musette recouvrant les effets.

Le sac par-dessus, fermé et contenant le linge blanc, la trousse et les effets de petite monture, le linge sale dans la poche du sac.

Le schako et le képi séparent les effets de chaque homme; s'il y a deux planches, le schako est placé sur la planche supérieure au-dessus du sac, le calot en dessus.

Les souliers sont accrochés, la semelle en dehors, à des clous placés au-dessous de la planche.

Les brosses à souliers, renfermées dans un sac, sont placées sur la planche supérieure, et, à défaut de cette planche, sont pendues près des souliers.

Les fusils sont placés au râtelier à l'abattu, s'ils sont du modèle 1866; les fusils modèle 1874 sont au cran de sûreté. Pour les uns et les autres, le bouchon est à la bouche du canon. Un fusil au râtelier ne doit jamais être chargé.

Les gibernes et les cartouchières sont accrochées à des chevilles; l'épée-baïonnette est suspendue par le ceinturon.

Quand les localités ne se prêtent pas complétement à toutes ces dispositions, on s'en rapproche le plus possible. Dans tous les cas, les soldats placent leurs effets de manière à pouvoir être promptement réunis avec armes et bagages.

SOINS DE PROPRETÉ DU SAMEDI ET DU DIMANCHE

D. — Le samedi, quels soins de propreté les soldats doivent-ils avoir ?

R. — Dans la journée ils battent les couvertures et les matelas, lavent les tables et les bancs, cirent leur fourniment, nettoient leur fusil, et mettent tout dans le plus grand état de propreté pour l'inspection du lendemain.

D. — Et le dimanche ?

R. — Le dimanche les soldats mettent du linge blanc.

D. — Que prescrit le règlement relativement à la propreté des pieds ?

R. — Les soldats doivent se laver les pieds au moins une fois par semaine.

D. — Quels sont les soins de propreté le 1er samedi de chaque mois ?

R. — Les soldats nettoient les vitres en dehors et en dedans.

ENTRETIEN DU LINGE ET DE LA CHAUSSURE

D. — Quels soins doit avoir un soldat de son linge et de sa chaussure ?

R. — Les soldats raccommodent leur linge après

le blanchissage, et tiennent constamment leur chaussure en bon état.

CAS D'ABSENCE DU CAPORAL DE CHAMBRÉE

D. — Quel est le chef de chambrée en l'absence du caporal ?

R. — En l'absence du caporal de chambrée et à défaut d'un autre caporal logé dans la même chambre, son autorité et sa responsabilité passent au soldat de 1re classe le plus ancien de service.

POLICE DES REPAS

D. — Un soldat peut-il être dispensé de manger à l'ordinaire ?

R. — Aucun soldat ne peut être dispensé de manger habituellement à l'ordinaire qu'en vertu d'une permission du capitaine. Si un soldat, pour une raison quelconque, désire ne pas assister à un repas, il en demande la permission au caporal, le matin au réveil, pour que le sergent-major puisse diminuer la ration des vivres qui doivent être touchés. De cette manière la compagnie et lui-même par suite profitent de cette absence.

CORVÉE DE SOUPE, PORTÉE A L'EXTÉRIEUR ET MISE A PART

D. — Comment sont commandés les cuisiniers ?

R. — Les soldats sont commandés à tour de rôle pour faire la soupe.

D. — Dans quelle tenue sont-ils ?

R. — Les cuisiniers sont toujours en blouse ou sarreau et pantalon de cuisine.

D. — Qu'est-il fait de la soupe des hommes de service?

R. — La soupe est portée aux hommes de garde; elle est conservée chaude pour les hommes de service.

SERVICE DU CUISINIER

D. — Où le cuisinier fend-il le bois et que doit-il faire quand il est relevé de cuisine?

R. — Il doit fendre le bois dans la cour, et remettre les ustensiles de cuisine dans le plus grand état de propreté au cuisinier qui le relève.

D. — Où sont placés le chauffage, les légumes, la viande?

R. — Le chauffage et les légumes sont placés dans un endroit de la cuisine où ils ne puissent pas gêner; la viande est pendue et garantie du soleil et des mouches.

D. — Quelle attention doit avoir le cuisinier en trempant la soupe?

R. — Le bouillon doit être passé à travers une passoire de fer-blanc, afin d'éviter que des fragments d'os ne restent dans le liquide.

SALLE DE DISCIPLINE ET PRISONS; CONSIGNÉS

D. — A qui les soldats détenus dans les salles de police, prisons et cellules de correction adressent-ils leurs demandes?

R. — Au sergent de garde lorsque celui-ci les visite.

D. — A quelles corvées sont assujettis les détenus et les consignés?

R. — Les détenus à la salle de police et les consignés sont employés à toutes les corvées du quartier; lorsque leur nombre n'est pas suffisant, des hommes de corvée sont commandés dans les compagnies. Les soldats punis de prison sont employés aux corvées de propreté du quartier les plus pénibles.

D. — Comment les détenus mangent-ils la soupe?

R. — La soupe est portée en même temps à tous les détenus qui la mangent en présence du caporal de garde.

D. — Les soldats peuvent-ils communiquer avec les détenus?

R. — Il est défendu aux soldats de communiquer avec les détenus; de leur procurer de la lumière, des pipes, du tabac, du vin ou de l'eau-de-vie.

D. — A quelle batterie les consignés se présentent-ils au sergent de garde?

R. — A un roulement suivi du rappel fait par le tambour de garde. Le sergent de garde à la police fait de nombreux appels.

SOLDATS COMMANDÉS DE SERVICE

D. — Que doit faire un soldat qui vient d'être commandé de garde ou de service?

R. — Il doit mettre immédiatement ses effets et ses armes dans le plus grand état de propreté, afin de se présenter à l'inspection du sergent et de l'officier de semaine dans une tenue parfaite.

D. — Les soldats peuvent-ils changer entre eux leur tour de garde, ou se faire remplacer dans leur service?

R. — Ils ne le peuvent pas sans la permission du sergent-major.

D. — Comment est fixé le prix des remplacements de service?

R. — Il est fixé de la manière suivante :

Pour une garde ou une ordonnance qui découche. . . . . » 75
Pour un piquet ou pour une ordonnance qui rentre le soir. . . . . » 50
Pour une corvée. . . . . » 25

D. — A quel signal les hommes de service doivent-ils se tenir prêts à être inspectés par le sergent de semaine?

R. — A l'assemblée.

DEVOIRS DES FACTIONNAIRES DE LA GARDE DE POLICE

D. — Quelles sont les alertes des factionnaires de la garde de police et quels honneurs doivent-ils?

R. — Les factionnaires de la garde de police ont les mêmes alertes et rendent les mêmes honneurs que ceux des postes de la place.

D. — Que fait le factionnaire devant les armes, lorsque le colonel, ou l'officier supérieur qui commande en son absence, vient au quartier?

R. — Il crie : Hors la garde! la garde sort sans armes.

D. — Quelle est la consigne du factionnaire à la

porte du quartier au sujet des paquets portés ou jetés hors du quartier?

R. — Il s'oppose à ce qu'aucun soldat ne sorte avec un paquet ou avec un fusil sans être accompagné d'un caporal; il ne laisse de même sortir aucun étranger porteur d'armes ou d'effets sans l'autorisation du sergent de garde; si on jette dehors un paquet, il en avertit le sergent ou le caporal de garde.

D. — Quelle est sa consigne relativement à la propreté du quartier?

R. — Il ne permet pas de jeter ou de faire des ordures près du poste ni dans l'intérieur du quartier.

D. — Que doit-il faire quand des étrangers se présentent pour entrer au quartier?

R. — Il ne laisse entrer aucun étranger, ni aucun militaire d'un autre corps, sans l'autorisation du sergent.

D. — Après l'appel du soir, que doit-il faire quand des militaires rentrent au quartier ou veulent en sortir?

R. — Il fait passer au corps de garde ceux qui rentrent et il empêche de sortir sans le consentement du sergent.

D. — Quelle est sa consigne lorsqu'il aperçoit des lumières dans les chambres après la batterie de l'extinction des feux?

R. — Il en avertit le sergent de garde.

DES TRAVAILLEURS

D. — Un soldat peut-il être requis de travailler pour le régiment?

R. — Les soldats qui peuvent être utilisés dans les ateliers du régiment, sont obligés d'y travailler lorsque cela est jugé nécessaire. Toutes les fois qu'un soldat en reçoit l'ordre, il est tenu d'exercer temporairement, dans l'intérêt du régiment, la profession qu'il avait avant son entrée au service.

D. — A quels soldats est accordée l'autorisation de travailler en ville ?

R. — Il n'est accordé de permission de travailler en ville qu'aux hommes d'une conduite éprouvée, ayant un an de service, et dont l'instruction est terminée.

Jamais un soldat ne peut être employé à un travail qui dégrade la profession des armes.

D. — Quels sont les prélèvements faits sur le prix de leur travail ?

R. — Les travailleurs en ville versent cinq centimes par jour à l'ordinaire ; ils payent cinq francs par mois à l'homme qui fait leur service, ou à l'ordinaire si toute la compagnie est chargée de le faire ; et un franc cinquante centimes à celui qui entretient leurs armes et leurs effets, lorsqu'ils ne le font pas eux-mêmes. Si leur masse individuelle n'est pas complète, un versement proportionné à leur bénéfice est exigé sur le produit de leur travail.

D. — De quelle tenue sont obligés de se pourvoir les travailleurs en ville ?

R. — Ils sont tenus de se pourvoir d'une veste ou d'une blouse ayant le collet de la couleur distinctive et le numéro du régiment ; leurs effets d'ordonnance restent à la chambre ; ils ne peuvent porter que le képi.

D. — A quelle heure les travailleurs doivent-ils rentrer au quartier ?

R. — Tous les soirs à l'appel ; ceux que leur travail retient plus tard, et ceux qu'il oblige de sortir avant le réveil en demandent l'autorisation.

D. — A quelle inspection et à quels exercices doivent-ils assister ?

R. — Ils se trouvent à l'inspection du dimanche et sont ensuite exercés par un officier désigné à cet effet ; ils se trouvent aux marches militaires et aux manœuvres chaque fois que le colonel l'ordonne.

Ils sont exercés au tir à la cible.

DE LA TENUE

D. — Combien y a-t-il de tenues ?

R. — Il y a trois tenues :

La tenue du matin ;
La tenue du jour ;
La grande tenue.

D. — Les soldats peuvent-ils sortir du quartier dans une tenue quelconque ?

R. — Aucun soldat ne peut sortir que dans la tenue prescrite ; il est inspecté à sa sortie par le sergent de planton à la sortie du quartier.

D. — Jusqu'à quelle heure la tenue du matin est-elle autorisée et de quoi se compose-t-elle ?

R. — La tenue du matin est permise jusqu'à l'appel de onze heures. Elle se compose de la capote sans épaulettes et du képi. En été, la veste remplace la capote.

D. — En quelle tenue sont faites les corvées ?

R. — En veste et en képi.

D. — A quelle heure se prend la tenue du jour et de quoi se compose-t-elle ?

R. — La tenue du jour commence à l'appel de onze heures ; elle se compose du schako, de l'épée-baïonnette et des épaulettes, et, selon les saisons ou l'ordre du colonel, de la tunique, de la capote ou de la veste.

D. — Dans quelle tenue les soldats qui obtiennent la permission de ne pas se trouver à l'appel de onze heures, se mettent-ils avant de sortir du quartier ?

R. — Dans la tenue du jour. Ils doivent présenter au sergent de planton un billet signé du sergent-major constatant la permission de sortir.

D. — Comment est composée la grande tenue, et quand se prend-elle ?

R. — La grande tenue est en tunique ? elle se prend les dimanches et jours de fête, et toutes les fois qu'elle est indiquée par l'ordre du régiment ou de la place.

D. — Dans quelle tenue se fait le service ?

R. — Des ordres spéciaux sont donnés à cet égard.

D. — Comment se portent les cheveux, la moustache et la mouche ?

R. — Les cheveux des soldats sont coupés courts surtout par derrière ; ils ne forment jamais ni touffes, ni boucles ; les moustaches et la mouche ne doivent être ni cirées, ni graissées.

D. — De quelle manière doivent se porter et s'ajuster les effets ?

R. — Le schako est placé droit et d'aplomb, de

manière que le milieu de la visière corresponde à la ligne du nez ; les jugulaires, lorsqu'elles sont placées sous le menton, sont en arrière des joues et attachées court, la boucle à hauteur de l'extrémité inférieure de l'oreille droite.

Le képi est placé droit et d'aplomb comme le schako ; lorsque le soldat est chargé, le képi est placé sous la patelette du sac. La cravate, faisant deux fois le tour du cou, est suffisamment serrée et fixée par un nœud simple ; elle ne doit jamais laisser apercevoir la chemise.

La tunique et la veste sont boutonnées dans toute leur longueur et tirées en bas pour emboîter les hanches et ne former aucun pli lorsque le soldat est chargé.

Le pantalon est monté de manière à ne pas faire de pli sur le cou-de-pied et à laisser voir les trois dernier boutons de la guêtre.

Le sac doit coller sur le dos et arriver à hauteur des épaules ; la capote roulée est pliée par-dessus en forme de fer à cheval, les deux extrémités à un centimètre au-dessus de la partie inférieure du sac.

La giberne est placée carrément sur la fesse droite.

La cartouchière à droite, à côté et contre la plaque du ceinturon.

Les buffleteries et surtout les bretelles du sac et du fusil doivent être cirées de manière à ne pas tacher l'habillement.

Le chien du fusil est mis au cran de sûreté, le bouchon à la bouche du canon pour les marches.

D. — Comment les militaires portent-ils le deuil de famille ?

R. — Les soldats en deuil peuvent porter un crêpe noir au bras gauche.

SORTIE EN VILLE

D. — Quelle conduite doit tenir le soldat en ville ?

R. — Il doit toujours être dans la tenue la plus correcte ; être poli avec tout le monde et rempli de déférence pour les femmes et les vieillards. Il marchera à une allure dégagée et militaire et sera fier de son uniforme.

Il est défendu au soldat de se mêler à des réunions de gens ivres ou faisant du scandale, et de se promener avec des filles publiques. Il lui est interdit de fumer la pipe dans les rues ; le cigare et la cigarette sont permis.

Le soldat qui tire le sabre dans des rixes particulières encourt les punitions les plus sévères. Toutefois il ne doit pas hésiter à s'en servir lorsqu'il est dans le cas de légitime défense.

NOMINATIONS A LA 1re CLASSE

D. — Comment sont choisis les soldats de 1re classe ?

R. — Sur la proposition du commandant de la compagnie et la présentation du chef de bataillon, parmi les hommes admis à l'école de bataillon que leur vigueur, leur intelligence, leur adresse dans le tir et leur agilité ont fait remarquer et qui ont mérité cette distinction par leur valeur, leur conduite et leur tenue.

D. — Combien de temps de service un soldat doit-il avoir pour être nommé de 1re classe ?

R. — Au moins six mois.

D. — N'y a-t-il pas des cas où il n'est pas tenu compte de l'ancienneté de service ?

R. — A la guerre, un acte d'intrépidité, une bravoure soutenue, dispensent de l'ancienneté.

PERMISSIONS

D. — Par qui l'exemption de l'appel de onze heures est-elle accordée aux soldats ?

R. — Soit par l'officier de semaine, soit par le sergent-major ; en leur absence elle peut être accordée par le sergent de semaine.

D. — Qui accorde la permission pour manquer à la soupe ?

R. — Le caporal de chambrée.

D. — A qui les soldats demandent-ils la permission de l'appel du soir ?

R. — A leur capitaine, par l'intermédiaire du sergent-major.

D. — Que font-ils de cette permission en rentrant au quartier ?

R. — Ils la remettent au sergent de garde à la police, auquel ils se présentent.

D. — Si dans le courant de la journée un soldat a un besoin urgent de l'exemption de l'appel du soir, à qui s'adresse-t-il ?

R. — Au sergent-major qui la demande à l'officier de semaine.

D. — Par qui les permissions d'exercices et de manœuvres sont-elles accordées aux soldats ?

R. — Par le capitaine, sur la demande du sergent-major.

D. — Comment sont demandées les permissions pour découcher ou pour quitter la garnison ?

R. — Elles sont demandées par la voie du rapport.

D. — Quelles conditions de conduite doivent présenter les soldats pour obtenir des permissions ?

R. — Hors le cas de nécessité reconnue, les permissions ne sont accordées qu'à des hommes dont la conduite est habituellement régulière.

D. — Qu'encourt un soldat qui a été puni de la cellule de correction, de la prison ou de la salle de police au sujet des permissions ?

R. — Tout soldat qui a subi ces punitions est privé de permission pendant le reste de la semaine, et le dimanche suivant.

PUNITIONS

D. — Qu'appelle-t-on fautes contre la discipline ?

R. — Sont réputées fautes contre la discipline et punies comme telles, suivant leur gravité : tout murmure, mauvais propos ou défaut d'obéissance, quelque raison que le soldat croie avoir de se plaindre ; l'infraction des punitions ; l'ivresse dans tous les cas, même quand elle ne trouble pas l'ordre ; le dérangement de conduite ; les dettes ; les querelles entre militaires ou avec des citoyens ; le manque aux appels, à l'instruction, aux différents services ; les contraventions aux ordres et aux règles de police ; enfin toute faute contre le devoir militaire, provenant de négligence, de paresse ou de mauvaise volonté.

D. — N'y a-t-il pas des cas où les fautes sont plus graves que dans les circonstances habituelles ?

R. — Les fautes sont toujours plus graves quand elles sont réitérées et surtout habituelles, et quand elles ont lieu pendant la durée du service ou lorsqu'il s'y joint quelque circonstance qui peut porter atteinte à l'honneur, ou entraîner du désordre.

D. — Une faute est-elle moins répréhensible parce qu'elle aura été commise en état d'ivresse ?

R. — En aucun cas l'ivresse ne peut être invoquée comme circonstance atténuante.

D. — Par qui un soldat peut-il être puni ?

R. — En ce qui concerne le service et l'ordre public, tout militaire peut être puni par un militaire d'un grade supérieur au sien, quels que soient l'arme et le corps de celui-ci.

D. — Quelle est la nature des punitions qui peuvent être infligées aux soldats ?

R. — 1° La corvée ;
2° L'inspection de la garde ;
3° La consigne au quartier ;
4° La salle de police ;
5° La prison ;
6° La cellule de correction ;
7° L'interdiction de porter l'épée-baïonnette ;
8° Le renvoi de la première classe ;
9° La privation du certificat de bonne conduite à la libération.

D. — Par qui un soldat peut-il être puni ?

R. — Par les autorités de tout grade.

D. — Qu'entraîne la punition de consigne ou de salle de police relativement au service ?

R. — Les soldats consignés ou détenus à la salle de police ne sont dispensés d'aucun service ; ils assistent à toutes les classes d'instruction auxquelles ils sont attachés, ils reprennent leur punition au retour.

Ils sont, en outre, exercés deux fois par jour en peloton de punition ; ils ne le sont qu'une fois les jours d'exercice du régiment.

Les soldats consignés ou détenus à la salle de police sont employés à toutes les corvées du quartier.

D. — Qu'entraîne la punition de prison et celle de la cellule de correction ?

R. — Les soldats punis de prison ne font pas de service, mais ils assistent, pendant trois heures le matin et trois heures le soir, à un peloton de punition spécial ; ils sont, en outre, employés aux corvées de propreté du quartier les plus pénibles. Leurs centimes de poche sont versés en totalité aux ordinaires dont ils font partie. Il en est de même des rations de vin, d'eau-de-vie, de sucre et de café, dont l'usage leur est entièrement interdit.

Les soldats punis de la cellule de correction reçoivent comme nourriture le pain et deux soupes, dont une sans viande.

Dans les prisons comme dans les cellules de correction les hommes ne reçoivent qu'une couverture ; toutefois, dans des circonstances exceptionnelles de température, le chef de corps peut y faire ajouter de la paille de couchage et une demi-couverture. En aucun cas il ne leur est délivré de demi-fourniture.

VAGUEMESTRE

D. — A qui le vaguemestre remet-il les lettres des soldats ?

R. — Aux sergents-majors.

D. — Et les lettres chargées, l'argent reçu ?

R. — Aux soldats eux-mêmes, en présence des sergents de semaine qui signent avec eux sur le registre du vaguemestre.

D. — Et si le soldat ne sait pas signer?

R. — Il fait une croix sur le registre.

RÉCLAMATIONS

D. — Quelles sont les réclamations qui sont autorisées?

R. — Les réclamations individuelles sont seules autorisées.

D. — A quelles règles doivent se conformer les soldats qui ont des réclamations à adresser relativement aux punitions?

R. — Quel que soit l'objet de la réclamation, elle ne peut être portée qu'aux officiers et aux généraux sous les ordres immédiats desquels se trouve le militaire qui la fait. Tout soldat recevant l'ordre d'une punition doit d'abord s'y soumettre; il peut ensuite adresser sa réclamation à son capitaine par l'intermédiaire du sergent-major.

Les réclamations relatives aux punitions infligées pendant le service sont, de préférence, adressées à l'adjudant, à l'adjudant-major ou au chef de bataillon de semaine.

Un homme qui réclame étant dans l'ivresse ne peut être entendu.

Un soldat réclamant contre une punition sans de justes motifs peut voir sa punition augmentée.

D. — Comment un soldat adresse-t-il une réclamation relative à des effets d'habillement ou autres?

R. — Quand un soldat croit avoir à se plaindre

de la qualité d'un effet qui lui a été donné soit à son compte, soit à celui du corps, il le présente sans retard à son capitaine; si la réclamation n'est pas accueillie, il peut la soumettre au major, et même au conseil d'administration.

D. — Y a-t-il des cas où un soldat est autorisé à s'adresser directement au colonel ou aux généraux?

R. — Oui, mais dans des circonstances extraordinaires; il peut alors adresser sa réclamation soit par écrit, soit verbalement.

Un soldat peut toujours adresser une réclamation par écrit aux généraux, après avoir réclamé hiérarchiquement au colonel, à moins que la réclamation ne le concerne personnellement.

D. — A quelle époque doivent être faites les réclamations ayant pour objet l'avancement ou toute autre récompense?

R. — Elles doivent, à moins de cas extraordinaire, n'être faites qu'à l'époque de l'inspection générale.

D. — A quoi s'exposerait un soldat qui enverrait une réclamation au ministre de la guerre autrement que par la voie hiérarchique?

R. — Toute réclamation individuelle qui parviendrait au ministre de la guerre, autrement que par la voie hiérarchique, entraînerait la punition de celui qui l'aurait adressée.

COMPAGNIES DE DISCIPLINE

D. — Quels sont les soldats qui sont envoyés aux compagnies de discipline?

R. — Les soldats qui, sans avoir commis des

délits justiciables des conseils de guerre, persévèrent néanmoins à apporter le trouble et le mauvais exemple dans le régiment, sont désignés au général de division et incorporés dans une compagnie de discipline.

D. — A quel régime sont soumis les soldats que leur inconduite fait envoyer aux compagnies de discipline?

R. — Toute communication des disciplinaires avec les militaires de la garnison et les habitants est formellement interdite; ils ne peuvent être choisis comme ordonnances des officiers; l'entrée des cantines leur est rigoureusement interdite; le couchage de tous les disciplinaires, sans exception, est réduit à une demi-fourniture; à l'hôpital, ils sont traités dans des salles séparées et consignées.

Indépendamment des travaux auxquels ils sont employés, on leur fait faire l'exercice le plus souvent possible, notamment le samedi après midi, et le dimanche après la célébration des offices du matin; le soir, en hiver, on leur fait des théories dans les chambres. On leur enseigne la lecture, l'écriture et le calcul dans des écoles de chambrée.

L'argent envoyé aux disciplinaires par leurs familles est retourné immédiatement; leurs hautes paies d'ancienneté sont versées à leur masse, et les excédants de masse provenant, soit de ce versement, soit du produit du travail, sont déposés à la caisse d'épargne, pour être remis aux hommes après leur libération du service.

Les disciplinaires punis de salle de police sont privés de café un jour sur deux; ceux punis de prison reçoivent le pain et deux soupes, dont une sans viande; ceux punis de la cellule de correction sont au pain et à l'eau un jour sur deux; le deuxième jour, ils reçoivent le pain et deux soupes, dont une sans viande.

La cellule de correction peut être infligée aux disciplinaires pendant quinze jours.

DETTES DES SOLDATS

D. — Un soldat peut-il contracter des dettes?

R. — Il est interdit aux soldats de contracter, sous quelque prétexte que ce soit, aucun emprunt, dette ou engagement.

ROUTES DANS L'INTÉRIEUR

D. — Quelle attention un soldat doit-il avoir de sa chaussure pour faire une route?

R. — Chaque homme doit être pourvu de deux bonnes paires de souliers. Les souliers neufs ou nouvellement réparés doivent avoir été portés avant le départ.

D. — A quelle heure part le logement?

R. — Le logement, dont fait partie un soldat au moins par compagnie, part une heure avant le régiment.

D. — A quelle heure les hommes malades ou éclopés, qui ne sont pas admis à monter sur les voitures, partent-ils?

R. — Ils partent en même temps que le logement sous le commandement d'un sergent et d'un caporal.

D. — Comment ceux qui sont dans l'impossibilité de porter leur fusil marchent-ils?

R. — Ils marchent avec les équipages.

D. — A leur arrivée au gîte, où les malades et les éclopés vont-ils?

R. — Ils se rendent sur la place, où les fourriers leur distribuent leurs billets de logement.

D. — Que font-ils si avant d'entrer en ville ils sont rejoints par le régiment?

R. — Ils marchent à sa suite.

D. — A quel endroit le médecin visite-t-il les malades?

R. — A l'heure fixée, les malades et les éclopés sont visités au corps de garde de police. Ceux qui doivent être admis le lendemain sur les voitures, ceux à qui il est permis d'y placer le sac, et ceux qui doivent partir en même temps que le logement, sont désignés par le médecin.

L'autorisation de monter sur les voitures ou d'y placer le sac est donnée par écrit.

D. — Où sont visités ceux qui ne peuvent venir au corps de garde?

R. — Ils sont visités par le médecin dans leurs logements.

D. — Un soldat peut-il se présenter aux hôpitaux sans être muni d'un billet d'hôpital?

R. — Il est formellement interdit aux soldats de se présenter, pendant la route, aux hôpitaux militaires ou civils, à moins qu'ils ne soient envoyés par les médecins du régiment.

D. — Quelle mesure est prise contre les soldats qui restent en arrière sans autorisation?

R. — Les noms des hommes restés en arrière sans autorisation sont donnés à l'autorité municipale des villes que le régiment traverse, ou dans lesquelles il loge, afin que, si ces hommes se présentent, elle puisse avertir la gendarmerie.

A leur retour ces hommes sont sévèrement punis.

DÉPART, MARCHE ET ARRIVÉE AU GITE

D. — Quel est le premier signal fait par le tambour de garde et que se passe-t-il à ce signal?

R. — Une heure et demie avant le départ, le tambour de la garde de police bat aux champs. A cette batterie le logement et la garde montante se rassemblent sur la place et partent dès qu'ils sont réunis; il en est de même des éclopés.

D. — Quand les tambours battent-ils le rappel et que font les compagnies à ce signal?

R. — Une heure après la batterie aux champs, les tambours battent le rappel. A ce signal les compagnies se rassemblent promptement au lieu où elles ont rompu la veille.

D. — En cas de réunion ou de départ imprévu, soit de jour, soit de nuit, quelle batterie est faite?

R. — On bat la marche du régiment; les compagnies se réunissent sur-le-champ avec armes et bagages.

D. — Quelles mesures d'ordre sont prescrites aux soldats pendant la marche?

R. — Il est formellement défendu aux soldats de quitter leurs rangs, sans permission; dans les mauvais pas, chacun suit l'homme qui le précède.

D. — Par qui les hommes qui ne peuvent pas suivre sont-ils visités?

R. — Par un médecin qui marche à cet effet à la queue de la colonne.

D. — Comment les haltes sont-elles annoncées et que font les compagnies?

R. — Les haltes sont annoncées par un roulement que fait le tambour de la tête, ou par la sonnerie de halte faite par un clairon.

Chaque compagnie serre sur celle qui la précède, et se repose aussitôt. Les soldats ont soin de poser leurs fusils de manière qu'ils ne puissent ni se détériorer ni blesser personne.

D. — Comment est indiqué le moment de se remettre en marche?

R. — Un nouveau roulement du tambour de la tête indique que la colonne va se remettre en marche; quelques reprises de la batterie ou sonnerie aux champs annoncent son départ. Chaque compagnie se remet successivement en route lorsque celle qui la précède a repris sa distance, et assez à temps pour la suivre immédiatement.

D. — Que font les soldats à la première halte?

R. — Ils rectifient ce qui serait défectueux dans leur tenue.

D. — Arrivés à l'endroit où doit se faire la grande halte, les soldats peuvent-ils rompre les rangs sans ordre?

R. — Les compagnies ne rompent les rangs que sur l'ordre du chef de bataillon.

D. — Que font les soldats à la dernière halte?

R. — Ils rétablissent leur tenue et reprennent exactement leurs places dans leur section.

D. — A qui un soldat qui a besoin de s'arrêter entre deux haltes en demande-t-il la permission?

R. — A l'officier ou au sous-officier qui se trouve le plus près de lui; il laisse son fusil à son camarade, et il est tenu de rejoindre promptement, sous peine de punition.

S'il est indisposé, un caporal le conduit doucement jusqu'à l'étape, ou le remet aux équipages.

D. — Que se passe-t-il à l'arrivée au gîte?

R. — A l'arrivée au gîte, l'appel est fait par les sergents de semaine.

L'ordre étant donné, le service commandé, le pain et les billets de logement distribués, les rangs sont rompus sur l'ordre du capitaine.

D. — Où se rendent les hommes qui arrivent au gîte après le régiment?

R. — Ils se rendent au corps de garde de police où sont déposés par les fourriers leurs billets de logement.

D. — Où se fait le rassemblement des corvées lorsque les distributions n'ont pas pu être faites avant l'arrivée de la troupe?

R. — A l'endroit où les compagnies ont rompu les rangs.

D. — Lorsqu'il n'y a qu'une seule distribution, où se réunit la corvée?

R. — Au lieu même où elle doit se faire.

ORDINAIRES ET LOGEMENT

D. — Où se font les ordinaires?

R. — Dans les logements des caporaux.

D. — Quels sont les devoirs des soldats à l'égard des habitants?

R. — Les soldats sont tenus de respecter les propriétés et d'avoir de la déférence pour les habitants.

D. — Que doivent fournir les hôtes pour les ordinaires?

R. — Les hôtes ne sont tenus de fournir pour les ordinaires que la place au feu et à la chandelle et les ustensiles nécessaires pour faire et manger la soupe.

D. — Comment se fait la soupe lorsqu'elle ne peut se faire par ordinaire?

R. — Elle se fait dans chaque logement.

D. — A quoi ont droit les soldats dans leurs logements?

R. — Il est dû pour deux soldats un lit garni d'une paillasse, d'un matelas ou lit de plume, d'une couverture de laine, d'un traversin et d'une paire de draps propres.
Jamais les hôtes ne peuvent être déplacés du lit ni de la chambre qu'ils occupent habituellement.
Il est dû dans tous les logements place au feu et à la chandelle.

D. — Quand les hôtes refusent de donner aux soldats ce qui leur est dû, ces derniers peuvent-ils l'exiger et se rendre justice eux-mêmes?

R. — Non; mais ils avertissent leur officier ou leur sergent de section qui s'adresse à la mairie pour leur faire rendre justice.

D. — Quels sont les devoirs journaliers des soldats en route?

R. — Les soldats doivent s'occuper chaque jour de la propreté de leurs armes et de l'entretien de leurs effets, particulièrement de leur chaussure.

D. — Que font les soldats qui demandent à changer de logement ou qui n'auraient trouvé personne pour les recevoir à leur arrivée?

R. — Ils se rendent à la mairie où se trouve l'officier commandant la garde de police, à qui ils adressent leurs réclamations.

D. — Les jours de marche, quand l'appel du soir a-t-il lieu?

R. — Lorsque le colonel l'ordonne.

D. — A quelle heure les soldats doivent-ils être rentrés dans leurs logements?

R. — Une demi-heure après la retraite.

D. — Quels sont les devoirs des soldats à l'arrivée au gîte où le régiment doit faire séjour?

R. — Ils réparent et mettent dans le meilleur état de propreté la chaussure, l'armement, l'habillement et l'équipement.

D. — Quel est le service du régiment au séjour?

R. — Le matin il est fait un appel.
L'inspection se passe le soir, et habituellement en tenue de route : elle tient lieu d'appel du soir.

D. — A quelle heure les malades et les éclopés sont-ils visités par le médecin?

R. — Après l'appel du matin, en présence des officiers et des sergents de semaine.

SOLDATS PUNIS

D. — Quelle est la place des soldats punis pendant la marche et à l'arrivée au gîte?

R. — Les soldats punis de la salle de police et de la prison marchent avec leur compagnie; ils reprennent leur punition en arrivant au gîte.
Les soldats punis de la cellule de correction marchent avec la garde; en traversant les villes

et les villages, ils portent l'arme sous le bras gauche.

Ceux qui sont prévenus de délits du ressort des tribunaux sont remis à la gendarmerie ; en attendant ils peuvent être attachés, si cette mesure est jugée nécessaire.

Pour des fautes légères, les soldats sont punis de la consigne à la garde de police jusqu'à la retraite pendant une ou plusieurs journées de marche.

ÉQUIPAGES

D. — Dans un bataillon voyageant isolément, qui forme l'escorte des équipages?

R. — La moitié des soldats de la garde descendante.

ENTRETIEN DE L'HABILLEMENT, DE LA CHAUSSURE ET DE L'ÉQUIPEMENT

D. — Quels moyens le soldat doit-il employer pour approprier chaque jour ses effets d'habillement?

R. — Il bat chacun d'eux avec son martinet pour en faire sortir la poussière et le brosse ensuite.

D. — Quand ses effets sont mouillés et couverts d'une boue épaisse, comment les nettoie-t-il?

R. — Il les fait d'abord sécher, enlève ensuite la boue en ployant la croûte qu'elle forme et en frottant les deux parties l'une contre l'autre, les bat avec le martinet et les brosse en dernier lieu.

D. — Comment fait-il disparaître une tache de graisse?

R. — Il se sert d'alcali dans la proportion d'une cuillerée à bouche dans un demi-verre d'eau.

D. — Comment emploie-t-il cet alcali allongé d'eau?

R. — Après avoir bien battu avec le martinet et brossé l'effet, le soldat trempe sa brosse dans le mélange d'eau et d'alcali, frotte la tache pendant deux ou trois minutes, et la lave ensuite à plusieurs eaux.

D. — Quelle attention doit avoir le soldat pour les parties de son habillement qui sont en contact avec des parties quelconques du corps, telles que le collet, les parements, les poches, la brayette du pantalon?

R. — Les nettoyer tous les jours avec le plus grand soin, afin d'éviter l'encrassement.

D. — Comment lave-t-il la doublure de sa tunique, de sa veste et de sa capote?

R. — Il retourne l'effet, la doublure en dehors, le fait endosser à un de ses camarades, savonne la doublure en se servant d'une brosse, ou mieux de la main, la lave à grande eau pour en extraire le savon, et fait sécher l'effet en évitant de le mettre au soleil ou trop près du feu.

D. — Que doit faire un soldat dès qu'il s'aperçoit qu'un de ses effets d'habillement est un peu déchiré ou décousu?

R. — Il doit le raccommoder sur-le-champ, pour empêcher la déchirure ou le trou de s'augmenter.

D. — Que doit-il faire quand un de ses effets d'habillement ou d'équipement a besoin d'une réparation qu'il ne peut faire lui-même?

R. — Il présente l'effet au caporal de son escouade, et au besoin au sergent de sa section, afin que la réparation soit faite par le tailleur ou le cordonnier de la compagnie, ou bien à l'atelier du régiment.

D. — Quels soins le soldat doit-il avoir de sa chaussure?

R. — De la tenir dans le plus grand état de propreté à l'intérieur, et de conserver au cuir, en le graissant, assez de souplesse pour qu'il ne blesse pas dans les marches.

D. — Comment conserve-t-il la propreté intérieure de ses souliers?

R. — En les lavant très-souvent.

D. — Comment le soldat graisse-t-il sa chaussure?

R. — Après avoir lavé et fait sécher ses souliers en les renversant la semelle en-dessus, il les graisse avant qu'ils ne soient complétements secs, en les frottant assez longtemps avec la main pour faire pénétrer la graisse.

D. — Quelle espèce de graisse emploie-t-on pour les souliers?

R. — Le dégras est préférable à toute autre huile.

D. — De quoi se sert le soldat pour approprier son équipement?

R. — D'encaustique.

D. — Comment emploie-t-on l'encaustique?

R. — On en met une quantité grosse comme un haricot dans un morceau de linge que l'on tord; on passe cette espèce de tampon sur toutes les parties du fourniment que l'on frotte fortement avec le manche du martinet pour bien étendre l'encaustique, et on donne ensuite du brillant en frottant le fourniment avec un morceau de drap bien sec.

D. — Le soldat peut-il employer la cire?

R. — Non, cet ingrédient, employé seul, brûlant le cuir.

PLACEMENT DES EFFETS POUR UNE REVUE DE DÉTAIL

D. — Comment doit-on placer les effets pour une revue de détail?

R. — Etendre un mouchoir sur le pied du lit pour recevoir les effets; placer le sac de manière que sa partie antérieure affleure le bord antérieur du mouchoir, le sac à plat sur le côté des bretelles; ouvrir la patelette et la renverser de manière que le numéro soit apparent.

Placer sur le sac, pliés comme sur la planche :
1° Le deuxième pantalon;
2° La veste;
3° La tunique ou la capote;
4° Le képi dessus le tout.
Les chemises contre le bord de la patelette;
Le livret entre la patelette et les chemises, le nom de l'homme apparent;
Le caleçon en avant des chemises;
La cravate devant le caleçon;
Les guêtres de cuir à gauche des chemises, les guêtres blanches à droite (on entend par droite ou par gauche, la droite ou la gauche de la personne qui passe la revue);
La trousse garnie (bobine, ciseau, étui, etc.) ouverte au milieu du mouchoir, l'ouverture en avant;
Le morceau de savon derrière la trousse, la pièce à boutons en avant;
Les mouchoirs à gauche de la trousse, la serviette et la calotte à gauche;

Les boîtes à encaustique et à cirage devant les mouchoirs;

Les gants devant la calotte;

Les sous-pieds en avant de la trousse;

Les souliers, la semelle en-dessus, la pointe en avant, à droite et à gauche des sous-pieds;

La patience, la fiole à tripoli, la boîte à graisse, le martinet et la brosse à boutons, à droite des souliers;

La brosse double à souliers, la brosse à lustrer, la brosse à fusil, la brosse à habit à gauche des souliers;

Les cartouches sur le côté du sac à droite;

Tous les effets doivent être pliés et disposés de manière à faire voir les numéros.

Quand la revue se passe sur le terrain, le soldat dispose ses effets devant lui de la même manière.

CHAPITRE III

ENTRETIEN DE L'ARME

D. — De quoi doit être pourvu le soldat pour entretenir son fusil ?

R. — Indépendamment du nécessaire d'armes, du lavoir et de la boîte à graisse contenant une pièce grasse en drap et une brosse douce à graisser, le soldat doit avoir quelques morceaux de vieux linge, des curettes en bois tendre et un bouchon pour la bouche du canon.

D. — Quelle attention doit avoir le soldat toutes les fois qu'il prend les armes, et particulièrement avant chaque tir ?

R. — Avoir son fusil en parfait état, et s'assurer que le mécanisme de la culasse mobile fonctionne bien.

D. — Que doit faire tout soldat, dès qu'il s'aperçoit que son fusil ne fonctionne pas régulièrement?

R. — En prévenir son sergent qui le soumet à l'examen du capitaine.

D. — Comment le soldat, après le tir, procède-t-il pour laver son fusil ?

R. — Il sépare d'abord le canon de la monture. Après avoir fixé au bout fileté de la baguette le lavoir, dans lequel il passe une bande de linge de 3 centimètres environ de largeur, il plonge la bouche du canon dans de l'eau contenue dans un baquet en bois; il lave l'arme en enfonçant le lavoir par le tonnerre et en imprimant à la baguette un mouvement de va-et-vient; il change l'eau jusqu'à ce que tous les résidus de poudre soient enlevés.

D. — Que fait-il quand le canon est lavé ?

R. — Il le fait égoutter, la bouche en bas; il enlève le linge mouillé qu'il remplace par un linge sec, et il essuie l'âme jusqu'à ce qu'il ne reste plus d'humidité. Il graisse ensuite le canon intérieurement et extérieurement avec un morceau de drap imprégné de graisse; il met une goutte d'huile à la charnière de la hausse, à la goupille de détente et à la tête de gâchette, à toutes les pièces qui éprouvent des frottements.

D. — Quelle attention doit avoir le soldat en démontant et en remontant son fusil ?

R. — D'éviter avec soin les frottements des boucles qui pourraient enlever le bronzage du canon. Il ne doit non plus frapper aucune pièce de ses armes avec la virole du manche du tournevis ou avec tout autre objet en fer, parce qu'il occasionnerait ainsi des mutilations.

D. — Quelles précautions doit prendre le soldat pour ne pas occasionner, à l'entrée de la chambre, des bavures qui nuiraient à la facilité du chargement et au retrait des étuis après le tir ?

R. — En introduisant le lavoir dans le canon par le tonnerre, il évitera avec le plus grand soin de toucher les bords du chanfrein, et particulièrement ceux de l'aminci de l'entrée de la chambre.

D. — Quelle attention le soldat doit-il avoir pour assurer le fonctionnement régulier de l'extracteur?

R. — De nettoyer avec soin le logement de l'extracteur dans le canon et dans la boîte de culasse.

D. — Quel soin faut-il prendre de la hausse en lavant son arme ?

R. — Il faut éviter que l'eau atteigne la hausse à cause de la difficulté de l'essuyer convenablement.

D. — Comment se nettoie la hausse ?

R. — En enlevant la vieille graisse avec un linge et des curettes.

D. — Que doit-on faire pour nettoyer le ressort-gâchette ?

R. — Démonter les vis et enlever le ressort du canon ; cette opération ne doit être faite que sur l'ordre d'un officier ou d'un sous-officier. Il en est de même du démontage de la sous-garde pour le nettoyage du taquet-écrou. Il est interdit, pour nettoyer le ressort-gâchette, d'amener par une pression sur la détente, ou par tout autre moyen, la tête de gâchette à sortir de son logement ou à venir s'appuyer sur la paroi inférieure de la boîte.

D. — Quelles défenses formelles sont faites au soldat quand il nettoie son fusil ?

R. — De chercher à séparer le canon de la boîte de culasse, d'ôter les vis de plaque, les vis de battant de crosse ; la goupille de détente, les vis et la goupille de hausse.

D. — Quelles sont les pièces qui doivent toujours être nettoyées sur place ?

R. — La plaque de couche, le battant de crosse, la hausse, l'éjecteur et les ressorts de garnitures.

D. — Comment se nettoie la culasse mobile ?

R. — La culasse mobile, qui doit être l'objet des soins soutenus et attentifs du soldat, est démontée entièrement après le tir. La tête mobile et le cylindre ne sont lavés à l'eau que dans le cas où des crachements accidentels auraient rendu cette opération indispensable. Essuyer complétement ces pièces intérieurement et extérieurement avec un linge sec jusqu'à ce qu'il ne reste plus trace d'humidité. Nettoyer les logements de la tête mobile et du cylindre avec des curettes en bois, ou, s'il est nécessaire, avec la spatule-curette; graisser légèrement ensuite les parties extérieures et postérieures de la culasse mobile; mettre de l'huile aux pièces qui éprouvent des frottements, notamment à la griffe et au plan incliné de la branche inférieure de l'extracteur, au canal intérieur de la tête mobile, aux rampes du cylindre et du chien, et au cran du chien.

D. — Quel soin faut-il avoir quand la culasse mobile est entièrement remontée ?

R. — Mettre une goutte d'huile à la rampe de la boîte de culasse et faire marcher le mécanisme.

D. — Comment nettoie-t-on la monture ?

R. — En l'essuyant avec un linge sec. Au besoin on enlève la rouille qui s'est attachée au logement des pièces en fer ou en acier, en la frottant avec un linge imbibé d'huile.

D. — Que fait-on pour les pièces en fer ou en acier non rouillées ?

R. — On les frotte avec un linge sec.

D. — Comment nettoie-t-on les pièces non bronzées légèrement rouillées ?

R. — Les frotter avec un linge couvert de brique brûlée, pulvérisée, tamisée et délayée dans de la graisse.

D. — Comment nettoie-t-on les pièces non bronzées fortement rouillées ?

R. — Employer l'émeri préparé comme de la brique, et frotter avec des curettes en bois tendre ou avec une brosse rude.

D. — Quelle attention faut-il avoir quand on a employé la brique pilée ou l'émeri ?

R. — D'essuyer les pièces avec un linge sec de manière à ne laisser ni émeri, ni brique, ni aucune substance dans les trous de vis ou les encastrements.

D. — Comment se nettoient les pièces bronzées rouillées ?

R. — Les frotter avec un linge ou un morceau de drap imbibé d'huile ou de graisse.

D. — Que doit-on faire si les taches de rouille ne disparaissent pas ?

R. — Porter les pièces chez le chef armurier.

D. — Le soldat peut-il employer une autre substance que le linge ou le drap pour le nettoyage des pièces bronzées ?

R. — Ça lui est formellement interdit.

D. — Quelle attention doit avoir le soldat quand il frotte le canon, la baguette, la lame ou le fourreau de la baïonnette, les branches de l'extracteur et le percuteur ?

R. — De poser ces pièces à plat sur une table ou sur un banc, pour éviter de les fausser.

D. — Comment nettoie-t-on les pièces en cuivre?

R. — Avec du tripoli ou de la brique pilée et un peu de vinaigre ou d'eau-de-vie. On doit frotter avec un linge ou un morceau de drap et jamais avec une brosse ou une curette.

D. — Doit-on faire briller les pièces en fer ou en acier ?

R. — Non, le poli brillant pour ces pièces est formellement interdit.

D. — Est-il permis d'employer du grès pour le nettoyage des pièces ?

R. — L'emploi du grès est rigoureusement interdit.

CHAPITRE IV

NOTIONS DE TIR

——————

D. — Qu'appelle-t-on *ligne de mire?*

R. — On nomme ligne de mire la ligne droite ou le rayon visuel qui passe par le fond du cran de mire et le sommet du guidon.

D. — Qu'est-ce que pointer une arme?

R. — C'est mettre la ligne de mire dans la direction du but à viser, l'arme ne penchant ni à droite ni à gauche.

D. — Le fusil étant placé sur le chevalet, quelle position doit prendre le soldat pour pointer?

R. — Fermer l'œil gauche, la joue à hauteur du busc sans toucher la monture, l'œil droit sur le prolongement de la ligne de mire, à la même distance de la hausse que dans la position de *joue.*

D. — Comment le soldat doit-il voir le guidon et le point à viser par rapport au cran de la hausse?

R. — Le sommet du guidon doit apparaître dans le milieu du cran de mire et affleurer, en même temps, le bas du petit cercle.

D. — Que doit faire un soldat qui ne sait pas fermer l'œil gauche?

R. — S'y exercer jusqu'à ce qu'il arrive à le fermer sans trop d'effort.

D. — Quelles sont les cinq règles de tir?

R. — Viser le but ou la ceinture d'un homme :

1° Jusqu'à 250 mètres, avec la ligne de mire de 200 mètres (planche rabattue en avant, cran de mire du pied de la hausse);

2° Entre 250 et 350 mètres, avec la ligne de mire de 300 mètres (planche rabattue sur le pied, cran de mire du talon de la hausse);

3° Entre 350 et 400 mètres, avec la ligne de mire de 350 mètres (planche levée, curseur à rallonge levé, cran inférieur de la planche);

4° A partir de 400 mètres, placer le bord supérieur du curseur à la division qui marque la distance indiquée ou qui s'en rapproche le plus. Les traits gravés sur le côté gauche de la planche correspondent au tir avec le cran de mire du curseur de 400 à 1,200 mètres; les traits gravés sur le côté droit correspondent au tir avec le cran de mire supérieur de la rallonge de 1,400 à 1,800 mètres. L'espacement des divisions est réglé pour les distances de tir variant de 25 en 25 mètres;

5° A 1,300 mètres, viser avec le cran supérieur de la planche; avoir soin de lever le curseur à rallonge pour démasquer la ligne de mire.

D. — Quand le soldat exécute le pointage sur le chevalet, de quelle idée doit-il bien se pénétrer?

R. — Que le but est censé placé aux distances pour lesquelles on lui fait appliquer les règles de tir.

D. — Pourquoi, dans la position du tireur debout, se fend-on en arrière et sur la droite?

R. — Afin de résister au recul et d'avancer l'épaule qui sert d'appui à la crosse.

D. — Pourquoi doit-on embrasser fortement la poignée avec la main droite?

R. — Parce qu'en serrant l'arme on assure l'indépendance de l'index, et que, faute de cette précaution, le mouvement du premier doigt, en faisant partir le coup, se transmettrait à la main et à l'épaule, ce qui dérangerait le pointage.

D. — Pourquoi doit-on lever le coude à hauteur de l'épaule?

R. — Pour faciliter le mouvement de l'épaule qui amène la ligne de mire à hauteur de l'œil.

D. — Pourquoi la main gauche saisit-elle l'arme à hauteur de la hausse?

R. — Afin de soutenir l'arme par son centre de gravité, ce qui est à la fois plus commode et moins fatigant pour le tir et pour la charge.

D. — Pourquoi les deux mains doivent-elles exercer une traction continuelle vers l'épaule?

R. — Afin de diminuer l'incommodité du recul et de maintenir l'arme plus solidement.

D. — Pourquoi, en visant, doit-on amener la ligne de mire à hauteur de l'œil par un mouvement d'épaule et tenir la tête droite, au lieu de baisser la tête pour aller chercher la ligne de mire?

R. — Parce qu'en baissant la tête le nez se place sur la poignée et contre le pouce de la main droite, et qu'alors le recul est incommode; que pour se garer de ces effets du recul, le tireur détourne la tête avant d'agir sur la détente et dérange le pointage au moment du tir.

D. — Comment se décompose ce mouvement d'épaule?

R. — 1° Un léger mouvement en avant pour arrêter la crosse et l'empêcher de glisser jusqu'au bras;

2° Un mouvement de bas en haut pour amener la ligne de mire à hauteur de l'œil.

D. — Pourquoi le tireur doit-il toujours maintenir la ligne de mire au-dessous du but, et éviter de le couvrir entièrement?

R. — Afin de ne pas s'exposer à perdre le point visé, pendant qu'il cherche à saisir l'instant favorable pour faire partir le coup.

D. — La tête du tireur devant rester droite pendant qu'il pointe, et la hauteur de la hausse variant avec la distance, comment le soldat fera-t-il pour prendre la ligne de mire aux différentes distances?

R. — Il élèvera ou abaissera la crosse suivant l'éloignement du but. Ainsi aux premières distances, il élèvera l'épaule pour amener la ligne de mire à hauteur de l'œil; mais il l'élèvera de moins en moins, à mesure que la hausse augmentera.

Avec la hausse de 600 mètres environ l'épaule revient à sa position naturelle. Pour viser avec les hausses supérieures, il faut baisser la crosse pour ne pas avoir à lever la tête en tendant le cou.

A partir de 1,300 à 1,500 mètres, on fait glisser la crosse sous l'aisselle, on la maintient fortement avec le bras contre le corps, et on serre vigoureusement la poignée; on rapproche en même temps la main gauche, le bras gauche s'appuyant au corps.

D. — Que faut-il pour prendre une bonne position à genou?

R. — 1° Qu'au premier mouvement, le pied droit

soit placé dans la direction que doit prendre la jambe droite;

2° Qu'au deuxième mouvement, le corps repose bien sur la jambe droite, la jambe gauche ne devant soutenir que le poids de l'arme;

3° Qu'au troisième mouvement, la crosse soit placée à l'épaule comme dans la position debout;

4° Que la tête soit peu inclinée, surtout en avant, le nez ne devant jamais approcher du pouce de la main droite placé en travers sur la poignée.

D. — Quelle attention aura l'homme qui a le buste très-long?

R. — De s'affaisser sur la jambe droite, et de placer la jambe et l'avant-bras gauches aussi verticalement que possible, de manière à utiliser toute leur longueur.

Sur le terrain, le soldat profitera des différences de niveau pour remédier aux défauts de conformation : il mettra le genou droit dans une dépression de manière à avoir le pied gauche plus élevé; ou bien il placera le pied gauche sur une bosse pour le même motif.

D. — Que doit faire le soldat qui a le bras très-court?

R. — Soutenir l'arme par le pontet.

D. — Quelle précaution doit prendre le tireur couché?

R. — Il évitera avec soin d'épauler sur la clavicule.

D. — A quoi le soldat doit-il beaucoup s'exercer pour arriver à bien tirer?

R. — A conserver autant que possible l'immobilité du corps, du bras, de la main pendant que le premier doigt agit sur la détente, et à faire partir le coup à sa volonté dès que l'arme est bien en pointage.

D. — Que faut-il faire pour conserver l'immobilité de l'arme et du corps?

R. — Retenir sa respiration pendant le pointage et s'habituer à tirer promptement.

D. — Que doit faire le tireur quand il n'a pas saisi le moment favorable pour faire partir le coup, et s'il éprouve le besoin de respirer?

R. — Quitter la position, se reposer quelques secondes, et reprendre l'opération.

D. — Que faut-il pour que le mouvement du premier doigt de la main droite soit complétement indépendant du bras, en agissant sur la détente?

R. — Prendre appui sur la main, qui doit être fortement serrée sur la poignée de l'arme. Il est essentiel aussi que le tireur se rende bien compte de l'effort à exercer pour faire partir le coup.

D. — Comment doit se faire l'action du doigt sur la détente?

R. — Dès que le soldat est en joue, il exerce une pression qui doit amener la gâchette sur le bord du cran de la noix; il n'y a plus alors qu'un léger effort à faire pour faire partir le coup lorsque l'œil juge le moment opportun.

D. — Quel défaut doit éviter le tireur au moment où il fait ce dernier effort sur la détente?

R. — De donner un coup d'épaule en avant, qui dérange l'arme et fait manquer le but.

D. — Quel renseignement le tireur doit-il toujours pouvoir donner?

R. — Il doit pouvoir accuser son coup, c'est-à-dire préciser le point sur lequel était dirigée la ligne de mire au moment où le chien a été dégagé.

D. — Qu'arrive-t-il quand le soldat fait pencher son arme en mettant en joue?

R. — Le coup porte trop bas et à droite si l'arme penche à droite, trop bas et à gauche si l'arme penche à gauche.

D. — En un mot, que faut-il faire pour bien tirer?

R. — S'appliquer à bien prendre la ligne de mire, amener cette ligne sur le point visé, maintenir l'arme immobile dans cette position pendant que le doigt agit sur la détente, et assurer toujours l'arme à l'épaule de la même manière.

D. — Les variations de l'air n'ont-elles pas une grande influence sur le tir?

R. — Elles influent puissamment sur la marche des projectiles :
Ainsi l'air, qui se raréfie à mesure qu'on s'élève, offre moins de résistance à la balle sur les hauts plateaux que dans les basses régions; il faut donc une hausse moins forte.
L'air chaud oppose une moins grande résistance que l'air froid. C'est pourquoi il faut une hausse plus forte par les grands froids que pendant les fortes chaleurs.
L'humidité augmente la résistance de l'air et occasionne un abaissement très-sensible du tir; la pluie retarde d'autant plus la marche du projectile qu'elle est plus intense. Il faut augmenter la hausse. Le vent de droite jette le projectile à gauche, le vent de gauche le jette à droite; le vent d'avant diminue la portée, le vent d'arrière l'augmente.

D. — Que doit encore savoir un soldat pour bien régler son tir?

R. — Que les hausses sont réglées pour l'ensemble des armes et des cartouches, pour une température moyenne et un temps calme; que ces circonstances ne se présentent que très-rarement; qu'il faut s'identifier avec son fusil, le connaître assez pour régler son tir, en tenant compte des résultats obtenus antérieurement et des circonstances atmosphériques du moment.

APPRÉCIATION DES DISTANCES

D. — Que doit savoir le soldat pour se servir utilement de la hausse, à la guerre?

R. — Apprécier exactement les distances jusqu'à 800 mètres, et connaître, pour cette distance et les distances intermédiaires, les chances qu'il peut avoir d'atteindre l'ennemi.

D. — Que doit-il tout d'abord apprendre?

R. — A mesurer les distances au pas, et la relation qui existe entre son pas habituel et une distance de 100 mètres. Celui qui marche avec précision le pas militaire ($0^m,75$), fait 133 pas pour 100 mètres, 13 pas 1/2 pour 10 mètres.

D. — Par quels moyens apprend-on à apprécier les distances à la vue?

R. — En faisant sur les différentes parties du corps, de l'habillement et de l'armement d'hommes placés à des distances connues, la remarque qu'elles se distinguent d'une manière moins nette à mesure que ces hommes sont plus éloignés.

D. — Quelles sont les parties du corps qu'il faut examiner de préférence?

R. — Les parties supérieures, parce que les parties inférieures d'un ennemi sont souvent cachées par le terrain. Il ne faut pas faire d'observations trop minutieuses, ni s'attacher aux couleurs de l'uniforme qui changent pour toutes les nations. Le soldat remarquera, par exemple, à quelle distance il cesse de distinguer les traits du visage de l'homme qu'il observe ; à quelle distance la figure de cet homme ne lui représente plus qu'un masque uniforme et blanchâtre ; à quelles distances il cesse d'apercevoir la figure, il distingue encore les bras.

D. — Ces observations faites par un soldat peuvent-elles servir à un autre ?

R. — Non, elles sont tout à fait personnelles et varient avec la vue de chaque homme.

D. — Quelles remarques peut-on faire sur la hauteur apparente d'un adversaire ?

R. — La hauteur du guidon au-dessus de son embase couvre, pour un homme en joue, la demi-hauteur d'un fantassin à 200 mètres, et sa hauteur totale à 400.

D. — L'apparence d'hommes éloignés ne se modifie-t-elle pas dans certaines circonstances ?

R. — Elle se modifie suivant le fond sur lequel ils se détachent ; suivant qu'ils sont bien éclairés ou dans l'ombre, sur un terrain accidenté ou sur un terrain plat, suivant les circonstances atmosphériques. Chaque soldat doit faire ses observations personnelles pour ces différents cas.

CLASSEMENT DES TIREURS. — RÉCOMPENSES

D. — Quels sont les tireurs qui sont de 1re classe ?

R. — Ceux qui, dans les tirs individuels, ont

mis 30 balles au moins, ainsi que ceux qui ont obtenu un cor de chasse dans un concours annuel antérieur.

D. — Combien faut-il de balles pour être de 2e classe ?

R. — Au moins 12.

D. — Que deviennent les tireurs qui ont mis moins de 12 balles ?

R. — Ils forment la 3e classe. Ils sont remis aux exercices préparatoires et reprennent ensuite les tirs aux petites distances.

D. — Quelles sont les récompenses accordées aux bons tireurs ?

R. — Tous les ans il est accordé pour les caporaux ou soldats d'un régiment, à la suite d'un concours, une grenade en or qui se porte comme une décoration et 54 *cors de chasse* en drap jonquille porté sur le bras gauche.

D. — Combien chaque compagnie fournit-elle de concurrents ?

R. — Dix caporaux ou soldats désignés par le capitaine parmi les tireurs de 1re classe qui ont obtenu les meilleurs résultats dans les tirs de l'année courante.

D. — Quelle est la récompense du tireur qui obtient un 2e cor de chasse ?

R. — Son cor de chasse en drap est remplacé par un cor de chasse en or, à condition toutefois que son numéro de concours le classe dans la première moitié des tireurs récompensés. Le tireur de 1re classe qui a obtenu un cor de chasse en or prend le nom de *tireur d'élite*.

D. — Que fait-on s'il obtient encore des cors de chasse dans de nouveaux concours ?

R. — Mention en est faite sur son livret, et le cor de chasse passe au suivant.

D. — N'honore-t-on pas encore d'une autre manière les bons tireurs ?

R. — Le colonel fait connaître, par un ordre du régiment, les noms des tireurs récompensés, ainsi que les compagnies auxquelles ils appartiennent ; l'obtention du cor de chasse est inscrite sur le livret ; le tableau nominatif des tireurs ayant droit au cor de chasse est placardé dans la salle du rapport. Enfin il est délivré chaque année, après l'inspection, des congés aux 20 premiers tireurs du régiment, dont 3 sous-officiers, pourvu toutefois qu'ils se soient montrés dignes de cette faveur par leur bonne conduite.

CHAPITRE V

SERVICE DES PLACES

DES GARDES

D. — Quelle est la durée des gardes de la place, du service des plantons et des ordonnances?

R. — Habituellement de 24 heures.

D. — Dans quelle tenue sont les gardes?

R. — Dans la tenue du jour, à moins qu'il n'en soit ordonné autrement, et sac au dos.

D. — Quand le service d'une garde commandée est-il censé être fait?

R. — Quand elle a pris possession du poste.

DU PIQUET

D. — Qu'est-ce que le piquet?

R. — On appelle piquet un détachement prêt à marcher pour fournir promptement un service extraordinaire.

D. — Quelle est habituellement la tenue du piquet?

R. — La même tenue que la garde.

D. — A quelles obligations sont soumis les soldats de piquet ?

R. — Ils ne peuvent pas quitter la caserne ; et ils ne se déshabillent pas la nuit, si le commandant d'armes l'ordonne.

D. — Quel est le signal pour rassembler le piquet ?

R. — Le tambour bat un rappel suivi de trois coups de baguette : le clairon sonne un rappel suivi de trois coups de langue.

DEVOIRS DES SOLDATS DANS LES POSTES

D. — Comment et dans quel ordre les armes sont-elles placées dans les postes ?

R. — Les armes sont placées au râtelier dans l'ordre des numéros des soldats. Tous les hommes de garde, en dehors du temps de la faction, conservent la baïonnette au fourreau.

D. — Qu'est-il prescrit aux soldats de garde relativement à leur tenue pendant leur service ?

R. — Ils ne peuvent se déshabiller ni quitter leur fourniment.

D. — Où prennent-ils leurs repas ?

R. — Il leur est apporté à manger au poste.

D. — Dans quelle tenue se fait un service extérieur, autre que les corvées ?

R. — Tout homme de garde désigné pour faire un service extérieur, autre qu'un service de corvée, doit être porteur de son fusil.

D. — Quel est le premier devoir des soldats aussitôt après le départ de la garde descendante ?

R. — Régulariser leur tenue.

D. — Que font les soldats de garde au point du jour ?

R. — Ils essuient leurs armes et approprient leur tenue.

D. — Que prescrit le règlement relativement à la tenue des soldats de garde ?

R. — Les factionnaires sont sac au dos ; les factionnaires et les hommes en service armé ont toujours le schako ; pour les autres le képi ne peut se porter qu'après la retraite ; et il se quitte au point du jour.

D. — Dans quelle tenue se font les corvées du poste ?

R. — En képi, avec la giberne comme marque de service.

D. — Les fautes commises pendant le service de garde n'ont-elles pas un caractère particulier de gravité ?

R. — Les fautes commises par les hommes de garde ont toujours un caractère particulier de gravité et sont réprimées sévèrement.

D. — Que doivent faire les soldats avant d'aller en faction ?

R. — Un instant avant d'aller en faction, ils régularisent leur tenue et s'assurent de l'état de leurs armes, afin de se présenter convenablement à l'inspection du caporal.

D. — Quand un factionnaire crie : *Aux armes !* que doivent faire les soldats de garde ?

R. — Ils sortent sur-le-champ et se rangent en ligne en avant du poste.

CONSIGNE GÉNÉRALE DES FACTIONNAIRES

D. — Quelle est la consigne générale des factionnaires ?

R. — Les factionnaires ont toujours la baïonnette au canon ; ils peuvent porter l'arme à volonté, ou avoir l'arme au pied ; ils ne doivent jamais la quitter, même dans la guérite. Lorsqu'ils sont dans le cas de se mettre en défense, ils croisent la baïonnette.

Ils doivent toujours garder une attitude militaire. Il leur est défendu de s'asseoir, de lire, de siffler, de chanter ou fumer, de parler à qui que ce soit sans nécessité et de s'écarter de leur guérite à plus de trente pas.

Ils ne souffrent pas qu'il soit fait des ordures ou des dégradations aux environs de leur poste.

Ils ne se laissent relever que par les caporaux du poste.

Ils ne répètent leurs consignes, ou n'en reçoivent de nouvelles, qu'en présence du chef de poste, du sergent ou des caporaux.

Ils sont constamment attentifs et observent du plus loin qu'ils peuvent ce qui se passe en vue de leur poste ; à cet effet ils ne restent dans leur guérite que pendant le mauvais temps.

Ils en sortent toutes les fois qu'ils voient venir un officier général, le commandant d'armes, le major de la garnison, l'officier de visite des postes, une troupe quelle qu'elle soit, des autorités en corps, ou lorsqu'ils entendent du bruit.

Si, pendant la nuit, le mauvais temps les a forcés de se retirer dans leur guérite, ils en sortent lorsqu'ils entendent qui que ce soit approcher d'eux.

ALERTES DES FACTIONNAIRES

D. — Combien les factionnaires ont-ils d'alertes ?

R. — Trois : le feu, le bruit et les honneurs.

D. — Que fait un factionnaire lorsqu'il aperçoit un incendie ?

R. — Il crie : *Au feu !* Ce cri est répété de factionnaire en factionnaire jusqu'au corps de garde.

D. — Que fait un factionnaire quand il entend du bruit, voit commettre un délit ou du désordre, lorsqu'un individu est poursuivi par la clameur publique ?

R. — Il crie : *A la garde !* Ce cri est répété de factionnaire en factionnaire jusqu'au corps de garde.

D. — Comment les factionnaires rendent-ils les honneurs ?

R. — Pour rendre les honneurs, les factionnaires s'arrêtent, font face en tête, portent ou présentent les armes lorsque le cortége ou la personne, à qui ces honneurs sont dus, est arrivé à cinq pas d'eux. Ils restent en position jusqu'à ce qu'ils aient été dépassés de cinq pas.

D. — A qui présentent-ils les armes ?

R. — Au saint-sacrement,

au président de la République,
aux ministres,
aux sénateurs et aux députés,
aux cardinaux, archevêques, évêques,
aux maréchaux, amiraux,
aux grands-croix,
aux grands officiers, } de la Légion d'honneur,
aux commandeurs,

aux officiers généraux et supérieurs, quelle que soit leur tenue, lorsqu'ils ont l'épée ou le sabre au côté,

aux intendants généraux inspecteurs, intendants et sous-intendants militaires,

aux préfets,

aux médecins et pharmaciens inspecteurs et principaux de l'armée,

à l'inspecteur général, aux directeurs du service de santé,

aux officiers de santé en chef et professeurs du service de santé,

aux aumôniers supérieurs de l'armée.

D. — **A qui portent-ils les armes ?**

R. — **Aux officiers** et chevaliers de la **Légion d'honneur,**

aux capitaines, lieutenants et sous-lieutenants, quelle que soit leur tenue, lorsqu'ils ont le sabre ou l'épée au côté,

aux adjoints à l'intendance militaire,

aux médecins et pharmaciens-majors et aides-majors de l'armée,

aux officiers d'administration de l'armée,

aux vétérinaires de l'armée,

aux aumôniers de l'armée,

aux interprètes principaux.

D. — **Pour qui prennent-ils la position régulière de l'arme sur l'épaule droite ?**

R. — **Pour les officiers** de tout grade, lorsqu'ils n'ont pas l'épée ou le sabre au côté,

les aides-vétérinaires,

les adjudants d'administrations,

les chefs de musique,

les interprètes,

les gardes et autres employés de l'artillerie et du génie;

les sous-officiers,
— caporaux,   )
— brigadiers,   } décorés de la médaille
— soldats ou marins,   )   militaire.

D. — Comment les soldats de planton rendent-ils les honneurs ?

R. — En passant près des officiers de tout grade, les soldats de planton ou envoyés en ordonnance portent l'arme sans s'arrêter.

D. — Quels sont les devoirs des factionnaires placés devant les armes ?

R. — Les factionnaires devant les armes crient : *Aux armes !* lorsqu'ils entendent battre la générale ou lorsqu'ils aperçoivent le saint-sacrement, une troupe armée, un officier général, le commandant d'armes, l'officier de visite des postes, *lequel doit être revêtu de l'insigne de service*, toute personne ou tout corps constitué pour lequel la garde doit prendre les armes.

D. — S'il arrive qu'un factionnaire ait besoin de se faire relever, que fait-il ?

R. — Il crie : *Caporal, venez relever.*

D. — Si un individu dont la sûreté est menacée se réfugie auprès d'un factionnaire, que doit-il faire ?

R. — Il lui doit protection, sans quitter son poste.

D. — Quelle est la consigne des factionnaires pendant la nuit ?

R. — Pendant la nuit, et particulièrement en cas d'alarme, de trouble ou d'attaque, les factionnaires ne se laissent point approcher.

A partir des heures fixées par les ordres de la place, ils crient : *Qui vive ?* d'une voix forte après avoir armé leur fusil, à toutes les personnes qui viennent à passer, et, lorsqu'il leur a été répondu, ils crient : *Au large !* pour les faire passer du côté opposé à celui qu'ils occupent.

D. — Que fait un factionnaire lorsqu'après avoir crié trois fois : *Qui vive ?* on continue à s'avancer sans lui répondre?

R. — Il crie : *Halte-là !* Si l'on ne s'arrête pas, il croise la baïonnette et empêche de passer. S'il a son arme chargée, aussitôt après avoir crié : *Halte-là !* il prévient qu'il va tirer. Si malgré cet avertissement on continue à s'avancer, il fait feu et appelle la garde.

D. — Quels sont les devoirs des factionnaires placés sur les remparts?

R. — Les factionnaires placés sur le rempart ou tout autre point de la fortification, empêchent de monter sur les parapets, talus, banquettes, etc..., et veillent à ce qu'il n'y soit fait aucune dégradation; ils ne laissent entrer dans les ouvrages ou passer sur les glacis que les officiers ou agents militaires que leur service y appelle, et les personnes munies de permissions visées par le commandant d'armes.

D. — Comment ces factionnaires rendent-ils les honneurs?

R. — Les factionnaires placés sur le terre-plein du rempart rendent les honneurs en faisant face à la personne qui passe.
Ceux qui sont sur le parapet ou placés à l'extérieur font face à la campagne.

FACTIONNAIRES AUX PORTES

D. — Quelle est la consigne particulière des factionnaires placés aux portes et aux barrières?

R. — Ils veillent à ce que les voitures n'encombrent jamais le passage. Avant de laisser entrer une voiture le factionnaire de la barrière crie : *Arrête là-bas!* avis qui est répété de factionnaire en factionnaire jusqu'à celui de la porte de la place. Ce dernier empêche alors toute voiture de sortir, et s'il n'y en a pas entre les portes, il crie : *Marche!* avis qui est répété de factionnaire en factionnaire jusqu'à celui de l'avancée, qui fait alors défiler les voitures.

Pendant que les voitures défilent, le factionnaire de la porte fait ranger celles qui se présentent pour sortir, de manière qu'elles n'embarrassent pas le passage.

Lorsque toutes les voitures arrivant sont entrées, le factionnaire de la porte crie à son tour : *Arrête!* Cet avis transmis au factionnaire de l'avancée, celui-ci répond : *Marche!* Alors le factionnaire de la porte fait mettre en marche les voitures qui veulent sortir avec les précautions qui ont été indiquées ci-dessus.

D. — Lorsqu'une voiture se casse sur un pont, que fait le factionnaire?

R. — Il la fait ranger de côté et en avertit le chef de poste.

D. — Que fait-il quand une voiture occasionne une dégradation à un pont ou à une porte?

R. — Le factionnaire l'arrête, la fait ranger de côté et prévient le chef de poste.

D. — Quelle attention doivent avoir les factionnaires placés à un pont?

R. — Ils empêchent de trotter ou de galoper sur le pont.

SENTINELLES A L'AVANCÉE

D. — Quels sont les devoirs de la sentinelle de l'avancée?

R. — Dès qu'elle découvre une troupe elle crie : *Aux armes !* Si, avant d'avoir été reconnue, la troupe s'approche, elle crie : *Halte-là !* Si après que ce cri a été répété trois fois, la troupe continue à avancer, la sentinelle se retire derrière la barrière et la ferme après avoir averti le poste.

FACTIONNAIRES DES GARDES DE POLICE

D. — Quels sont les devoirs généraux des factionnaires extérieurs des gardes de police?

R. — Les factionnaires extérieurs des gardes de police sont assujettis aux mêmes devoirs généraux que les factionnaires des postes de la place.

INSULTES ENVERS UN FACTIONNAIRE

D. — Que doit-on faire de tout individu, quel qu'il soit, qui insulte ou frappe un factionnaire?

R. — L'arrêter sur-le-champ et le conduire au commandant d'armes.

DU MOT

D. — Qu'est-ce que le mot?

R. — Le mot est une expression qui varie chaque jour, au moyen de laquelle les postes, les rondes et les patrouilles et toute troupe armée marchant la nuit, se reconnaissent.

D. — De quoi se compose le mot?

R. — Le mot se compose de deux noms : le premier, que l'on appelle *Mot d'ordre*, doit être le nom d'un grand homme, d'un général célèbre, ou d'un brave, mort au champ d'honneur; le second, qui est appelé *Mot de ralliement*, doit présenter le nom d'une bataille, d'une ville ou d'une vertu civile ou guerrière.

D. — Lequel des deux mots est donné aux factionnaires?

R. — Le mot de ralliement.

D. — Par qui est-il donné?

R. — Par les caporaux du poste.

DES PATROUILLES

D. — Comment une patrouille est-elle reconnue pendant la nuit par le factionnaire placé devant les armes?

R. — Lorsqu'un factionnaire placé devant les armes aperçoit une troupe, il arme son fusil et crie : *Qui vive ?* et lorsqu'il lui a été répondu : *Patrouille*, il crie : *Halte-là ! Caporal, patrouille !*

D. — Si la patrouille ne s'arrêtait pas au cri de *Halte-là !* que devrait faire le factionnaire?

R. — Il renouvellerait une seconde fois le cri : *Halte-là!* et, si la patrouille continuait d'approcher, il crierait : *Aux armes !* et se mettrait en défense.

D. — Comment les factionnaires qui ne sont pas devant les armes reconnaissent-ils les patrouilles?

R. — Ils arrêtent également les patrouilles par le cri de : *Qui vive ?* après avoir armé.

La réponse reçue, ils crient : *Halte-là! avance au ralliement.* Ils reçoivent le mot de ralliement du chef de la patrouille qui doit s'avancer seul, et ne le lui donnent jamais.

D. — Lorsque pendant la nuit une troupe passe à portée d'un poste, que fait le factionnaire placé devant les armes?

R. — Après avoir armé son fusil, il crie : *Qui vive?* Le chef de la troupe lui ayant répondu en faisant connaître le corps auquel il appartient, le factionnaire crie : *Halte-là! Aux armes! Troupe!*

D. — Dans le même cas, que font les factionnaires qui ne sont pas devant les armes?

R. — Ils arrêtent et reconnaissent de la manière prescrite pour reconnaître une patrouille.

DES RONDES

D. — Combien y a-t-il de différentes espèces de rondes?

R. — Il y en a quatre :
1° Ronde simple : capitaine, lieutenant ou sous-lieutenant ou sous-officier ;
2° Ronde major, du major de la garnison, ou d'officier supérieur ;
3° Ronde du commandant d'armes ;
4° Ronde d'officier général.

D. — Comment un factionnaire placé devant les armes arrête-t-il une ronde simple?

R. — Lorsqu'après avoir armé son fusil, il a crié : *Qui vive?* et qu'il lui a été répondu : *Ronde d'officier!* ou *ronde de sous-officier!* il crie: *Halte-là! Caporal, ronde d'officier, ou ronde de sous-officier!*

D. — Comment un factionnaire placé devant les armes arrête-t-il une ronde major, une ronde du commandant d'armes, ou une ronde d'officier général ?

R. — Lorsqu'après avoir armé son fusil, il a crié : *Qui vive ?* et qu'il lui a été répondu : *Ronde major!* ou *ronde du commandant d'armes,* ou *ronde d'officier général,* il crie : *Halte-là, Aux armes! Ronde major,* ou *ronde du commandant d'armes,* ou *ronde d'officier général.*

D. — Comment les factionnaires qui ne sont pas devant les armes, reconnaissent-ils les différentes espèces de rondes?

R. — Ils arrêtent et reconnaissent toutes espèces de rondes par les même cris et de la même manière que les patrouilles.

D. — Lorsqu'une patrouille ou une ronde quelconque, après avoir été reconnue, passe devant les factionnaires, que font ceux-ci?

R. — Après avoir désarmé, ils portent les armes.

VISITE DE JOUR

D. — Que fait le factionnaire placé devant les armes lorsqu'il aperçoit l'officier de visite des postes?

R. — Il crie : *Aux armes !*

TROUPES EN MARCHE DANS LES PLACES

D. — Quelle attention une troupe en armes doit-elle avoir lorsqu'elle est en marche dans l'intérieur de la place?

R. — De ne pas se laisser couper par la foule ou par les voitures.

CAS D'ALARME

D. — Comment l'alarme est-elle annoncée aux troupes?

R. — L'alarme, de quelque nature qu'elle soit, est annoncée par la générale.

D. — Quel est le devoir des soldats qui entendent la générale?

R. — Ils sont tenus de se réunir sur-le-champ au corps dont ils font partie.

LIMITES DE LA GARNISON

D. — Qu'entend-on par limites de la garnison.

R. — Des poteaux portant pour inscription : *Limites de la garnison*, sont placés autour des places de guerre, sur les routes qui y aboutissent.

D. — Quel est le but de ces poteaux?

R. — Ils déterminent la zone que les soldats de la garnison ne peuvent dépasser, sans une autorisation du commandant d'armes, quand la place est déclarée en état de siége.

PRESCRIPTIONS GÉNÉRALES RELATIVES AUX HONNEURS

D. — Les honneurs militaires se rendent-ils la nuit?

R. — Les honneurs militaires ne se rendent que du lever au coucher du soleil.

Il ne faut pas confondre les honneurs militaires avec le salut, marque de respect qui est due en tout temps, en tout lieu et à toute heure.

CHAPITRE VI

TRANSPORT DES TROUPES

PAR CHEMINS DE FER

D. — Quels sont les vivres dont doivent être pourvus les soldats voyageant en troupe par les chemins de fer ?

R. — De tous ceux que le commandant du détachement a prescrit d'emporter. En outre, pendant la saison des chaleurs, les petits bidons sont remplis avec un mélange d'eau-de-vie.

D. — Dans quelle tenue est la troupe ?

R. — En tenue de route. Les sacs doivent être complétement paquetés et garnis de tous les effets de campement dont la troupe est pourvue. La cartouchière, quand elle ne contient pas de munitions, est placée sous la palette du sac.

Quand l'état de la température l'exige, les hommes peuvent être autorisés à faire usage des couvertures pour se couvrir pendant le voyage.

D. — Combien met-on de soldats non équipés dans les wagons à voyageurs ?

R. — Le même nombre que de voyageurs civils.

D. — Et quand les soldats sont équipés et armés ?

R. — Il est alors accordé dix places pour neuf hommes lorsque le trajet à parcourir n'est pas supérieur à 150 kilomètres, et dix places pour huit hommes dans les trajets supérieurs à 150 kilomètres.

D. — A quoi servent la 9e et la 10e place ?

R. — Elles sont utilisées pour le rangement des sacs et des ustensiles de campement.

D. — Y a-t-il lieu de faire une semblable réduction quand on se sert de wagons à marchandises aménagés pour le transport des troupes ?

R. — Non. Dans ce cas, le chiffre de contenance inscrit sur les parois du wagon est applicable sans réduction ; les sacs et les ustensiles de campement sont alors rangés sous les planches qui servent de banquettes et dans l'espace libre au milieu du wagon.

D. — Quelles dispositions préparatoires sont prises pour faciliter l'embarquement ?

R. — En arrivant à la gare, la troupe est formée en ligne sur le point le plus favorable ; les sous-officiers, les cantinières et les enfants de troupe entrent dans le rang.

Le détachement est alors divisé en fractions correspondant à la contenance des wagons, sans distinction de compagnies. Chaque fraction est dénommée 1re, 2e, 3e, etc., wagon, suivant sa position dans l'ordre de bataille. Les sous-officiers et les caporaux sont répartis de manière à assurer partout l'ordre et la discipline. Dans chaque fraction, un sous-officier est désigné comme chef de wagon.

Les sapeurs, les musiciens, les tambours et clairons conservent leur place dans l'ordre en ligne et occupent les premières voitures.

D. — Comment s'effectue l'embarquement ?

R. — Le fractionnement par voiture terminé, la troupe est mise en marche par le flanc. Elle observe le plus grand silence, chaque fraction marchant à deux pas de celle qui la précède.

Chaque fraction est arrêtée par son chef devant le wagon qu'elle doit occuper et y fait face sans dédoubler, après que les files ont serré de manière à ne pas dépasser la longueur de son wagon.

Au signal : *Garde à vous, en avant,* donné par un clairon, les hommes ôtent leurs sacs, en maintenant leur fusil dans la saignée du bras et ramènent la giberne en avant; les tambours et les musiciens, sous la conduite de leurs chefs, vont déposer les caisses et les gros instruments dans les voitures à bagages placées en tête du train. L'embarquement commence aussitôt de la manière suivante :

Deux hommes montent d'abord dans chaque compartiment, tenant à la main leur sac et leur fusil. Les autres ne suivent qu'après avoir successivement passé leurs sacs aux deux premiers qui les rangent, partie sous les banquettes, partie sur les places réservées à cet effet. Les wagons sont complétés à leur contenance réglementaire.

D. — Comment les hommes se rangent-ils dans les wagons ?

R. — Chaque homme se tient assis, son fusil entre les jambes, la crosse reposant sur le plancher.

D. — Que doivent faire les soldats dès qu'ils sont embarqués ?

R. — Ils desserreront le haut de leurs guêtres et auront soin de n'y avoir jamais le pantalon engagé, le bas de la jambe ne devant jamais être serré afin d'éviter des gonflements qui se compliquent quelquefois d'accidents graves.

Il est interdit aux hommes de fermer eux-mêmes les portières ; ce soin incombe exclusivement au personnel des chemins de fer.

D. — A quel signe les hommes qui sont descendus à une halte, reconnaissent-ils leur wagon ?

R. — L'indication de la compagnie est écrite, à la craie, à côté du numéro d'ordre de chaque wagon, ainsi que de l'autre côté des véhicules. Les hommes doivent aussi s'appliquer à retenir le numéro d'ordre peint sur leur wagon.

D. — Quelles défenses sont faites aux troupes embarquées en chemin de fer ?

R. — Il est rigoureusement interdit aux soldats embarqués :

1° De passer la tête ou les bras hors des portières pendant la marche ;

2° D'ouvrir les portières ;

3° De passer d'une voiture dans une autre ;

4° De pousser des cris ;

5° De descendre de voiture aux stations avant les sonneries ou batteries qui en donnent le signal ;

6° De fumer dans les wagons à chevaux, et dans les wagons des hommes au cas où, par les grands froids, il y aurait de la paille sur le plancher.

D. — A quel moment et à qui les soldats adressent-ils, pendant le voyage, les réclamations ou les demandes qu'ils peuvent avoir à faire ?

R. — Pendant les courts arrêts compris entre cinq et dix minutes, les soldats adressent leurs réclamations ou leurs demandes à l'officier commandant la garde de police qui parcourt rapidement le train; quelques hommes seulement pressés de besoins urgents, peuvent être autorisés à sortir de leur wagon par cet officier.

D. — A quel indice les hommes reconnaîtront-ils qu'ils peuvent tous sortir ?

R. — A la présence des officiers de leur compagnie qui, aux haltes où tous les hommes peuvent sortir, se sont portés à hauteur des wagons où est embarquée leur troupe.

D. — A quelle sonnerie les hommes descendent-ils de wagon ?

R. — Ils ne descendent qu'à la sonnerie : *Halte*, et laissent leurs armes dans les wagons; ils ne doivent sortir que par les portières qui ouvrent sur le quai ou le trottoir.

D. — Quelles défenses sont faites aux hommes pendant les haltes où ils peuvent descendre de voiture ?

R. — Il est défendu de sortir des gares ou des espaces enclos, de circuler sur les voies, pénétrer dans les buffets ou buvettes s'il s'y trouve des factionnaires pour en interdire l'entrée.

D. — A quel signal les hommes doivent-ils remonter en wagon ?

R. — A la sonnerie : *En avant*, faites trois minutes avant le départ.

D. — Les hommes sont-ils obligés de descendre de wagon à la sonnerie : *Halte ?*

R. — Non. Ils sont libres de ne pas descendre, et, s'ils sont descendus, de remonter avant le signal : *En avant*.

D. — Comment une troupe fait-elle ses repas en voyageant en chemin de fer ?

R. — Lorsque la durée du trajet est inférieure à 24 heures, la nourriture des hommes est assurée par des dispositions prises dans chaque compagnie avant le départ. Les hommes mangent alors dans les wagons les vivres froids dont ils sont pourvus.

Pour tout trajet d'une durée de 24 heures, un repas chaud est préparé dans une caserne d'une ville de garnison, où l'on fait une halte de deux heures. Dans ce cas, la troupe descend du train avec ses armes et ses havre-sacs; elle est conduite à la caserne par les officiers de semaine et ramenée de suite après le repas au quai d'embarquement.

D. — Comment est-on prévenu de la prochaine arrivée à destination, et que doivent faire alors les soldats ?

R. — A la station qui précède l'arrivée les hommes sont avertis par les agents du chemin de fer; ils doivent s'occuper immédiatement de mettre leur tenue en ordre et se tenir prêts à descendre.

D. — Comment s'effectue le débarquement ?

R. — A l'arrivée et à la sonnerie : *Garde à vous* suivie de la *Marche du régiment*, les hommes sortent sans précipitation des wagons avec leurs fusils; les sacs leur sont passés par les deux derniers hommes restant dans chaque compartiment.

Les tambours et les musiciens vont reprendre leurs caisses et leurs gros instruments.

La troupe, après avoir mis sac au dos, se reforme en fraction devant chaque wagon comme pour l'embarquement. Elle sort immédiatement de

la gare dans cet ordre, et elle se reforme par
compagnie dès qu'elle est hors de la gare.

D. — Quelle attention doivent avoir les hommes
à la descente de wagon pour éviter les accidents
et la détérioration de leurs armes ?

R. — Ils doivent tenir à la main leurs fourreaux
de sabre lorsqu'ils descendent des wagons; quand
ils sont descendus, ils doivent avoir le plus grand
soin de ne pas appuyer leurs armes contre les
voitures du train qui peuvent, à tout instant, être
ébranlées par un mouvement de la locomotive.

CHAPITRE VII

SERVICE EN CAMPAGNE

ORIENTATION

D. — En quoi l'orientation sert-elle à un soldat ?

R. — A se reconnaître et à se diriger en pays inconnu, soit de jour, soit de nuit.

D. — Comment sont placés les quatre points cardinaux par rapport à un observateur qui fait face au soleil levant ?

R. — L'est se trouve devant lui et l'ouest derrière, le nord à sa gauche et le sud à sa droite.

D. — Comment peut-on, aux diverses heures du jour, déterminer les quatre points cardinaux d'après la position du soleil, ou d'après l'ombre projetée par des objets exposés au soleil ?

R. — A 6 heures du matin, le soleil se trouve à l'est ; l'ombre des objets se dirige vers l'ouest ;

A 9 heures du matin, le soleil est au sud-est ; l'ombre se dirige vers le nord-ouest ;

A midi, le soleil est au sud ; l'ombre se dirige vers le nord ;

A 3 heures du soir, le soleil est au sud-ouest; l'ombre se dirige vers le nord-est;

A 6 heures du soir, le soleil est à l'ouest; l'ombre se dirige vers l'est.

D. — Que faut-il savoir pour déterminer les points cardinaux au moyen de l'étoile polaire ?

R. — Que cette étoile se trouve dans la direction du pôle nord.

D. — Comment découvre-t-on l'étoile polaire ?

R. — On cherche d'abord la grande Ourse, appelée aussi le Chariot, constellation formée de sept étoiles très-brillantes, dont quatre sont disposées en carré et les trois autres forment une espèce de queue. En tirant une ligne imaginaire qui unisse les deux étoiles du carré les plus distantes des cinq autres, en prolongeant cette ligne, on rencontre l'étoile polaire qui est la dernière de la petite Ourse.

D. — Que faut-il connaître pour savoir s'orienter au moyen de la lune ?

R. — Pendant la pleine lune, la lune se trouve au sud à minuit; à l'est, à 6 heures du soir; à l'ouest, à 6 heures du matin.

Pendant le premier quartier (*concavité du croissant à gauche*), elle est au sud à 6 heures du soir, à l'ouest à minuit;

Pendant le dernier quartier (*concavité du croissant à droite*), elle est à l'est à minuit, au sud à 6 heures du matin.

D. — Comment fera-t-on pour s'orienter si le temps brumeux ou sombre ne permet pas d'apercevoir le soleil, la lune ou l'étoile polaire ?

R. — On a recours aux habitants qui peuvent

toujours indiquer le lieu où le soleil paraît le matin à l'horizon, et celui où il disparaît le soir.

D. — N'y a-t-il pas encore d'autres moyens d'orientation ?

R. — On peut encore s'orienter en examinant des arbres isolés, dont l'écorce du côté du sud est toujours plus blanche, sèche et propre, tandis que du côté du nord-ouest elle est noire, rugueuse et couverte de mousse ; en examinant les pierres, dont la partie qui regarde le nord-ouest se couvre de mousse ; en recherchant l'ouverture des fourmilières qui est toujours au sud.

Enfin on trouvera indiquée au pied des moulins à vent la rose des vents N. S. E. O.

D. — Mais quel est le procédé le plus sûr pour s'orienter, et qui sera presque indispensable dans un bois ?

R. — Le plus sûr sera la boussole, dont la pointe aimantée, lorsque la boussole est placée horizontalement, se dirige à 20 degrés environ du nord, vers l'ouest. Le point marqué par l'aiguille se nomme *méridien magnétique ;* le nord vrai, lorsqu'on regarde dans la direction de la pointe aimantée, est donc à 20 degrés environ plus à droite.

DES CANTONNEMENTS

DÉFINITIONS

D. — Qu'est-ce qu'un cantonnement ?

R. — On entend par cantonnements l'ensemble des lieux habités que les troupes occupent sans y être casernées.

D. — Qu'appelle-t-on cantonnement ordinaire ?

R. — C'est celui dans lequel chaque feu (*en moyenne de 3 à 6 habitants*) n'a à loger que de deux à six hommes. On emploie ce cantonnement quand l'ennemi se trouve à une assez grande distance pour que l'on ait toujours le temps de se concentrer et de se porter en avant pour prendre position sans aucune difficulté.

D. — Qu'est-ce que le cantonnement resserré ?

R. — Le cantonnement resserré diffère de l'autre en ce que des localités peu importantes peuvent loger des corps de troupes, des brigades et même des divisions. On y séjourne généralement très-peu de temps ; on l'emploie quand on se trouve déjà dans le voisinage de l'ennemi, ou lorsqu'on prend des positions de concentration. Il ne s'agit alors que d'avoir l'espace nécessaire pour se coucher à l'abri.

INSTALLATION AU CANTONNEMENT

D. — Quels moyens sont employés pour faire connaître aux hommes les locaux qui leur sont affectés dans un cantonnement ?

R. — Le nombre d'hommes et l'indication de la fraction à laquelle ils appartiennent sont inscrits sur les portes des locaux qu'ils occupent.

D. — Quelles autres indications sont encore faites ?

R. — Aux carrefours et aux coins des rues principales on indique :

1° Le logement des généraux, chefs de corps ou commandants de cantonnement;

2° Le poste de police ;

3º Les fractions de troupe occupant la rue ou le quartier ;

4º Les lieux de rassemblement et de distribution.

D. — Est-il permis de pénétrer dans le cantonnement, avant que le commandant des troupes ait donné le signal de l'installation ?

R. — Non. Sous aucun prétexte, personne ne doit y pénétrer.

D. — A quoi reconnaît-on le logement des généraux ?

R. — Le logement des généraux est indiqué par leur fanion de commandement ou par un signe apparent pendant le jour ; il est éclairé pendant la nuit.

D. — Où sont établies les ambulances, et à quoi les reconnaît-on ?

R. — Les ambulances sont établies dans les hôpitaux, ou dans des couvents, maisons d'école, etc. ; leur emplacement est indiqué le jour par le drapeau des ambulances, et la nuit par un feu de couleur déterminée.

ORDRE DONNÉ AVANT L'ÉTABLISSEMENT AU CANTONNEMENT

D. — Quel est l'objet de l'ordre donné avant l'établissement au cantonnement ?

R. — De faire connaître le service à fournir, la nature, l'heure et le lieu des distributions, les dispositions relatives au départ, et toutes celles qui concernent le bon ordre et le service intérieur ou extérieur du cantonnement.

Il indique aussi la place d'armes pour toute

les réunions générales des troupes et particulièrement en cas d'alerte.

D. — Où se font les réunions particulières des compagnies ?

R. — Dans chaque compagnie, il est désigné un point de rassemblement que tous les hommes doivent connaître, de manière à pouvoir s'y rendre isolément au premier signal, même la nuit.

GARDE DE POLICE AU CANTONNEMENT.

D. — Quel est le service de la garde de police dans un cantonnement ?

R. — Assurer l'ordre, la police et la discipline; surveiller les bagages confiés à sa garde; garder les prisonniers et les escorter pendant la marche.

D. — Où est installée la garde de police ?

R. — A la maison commune ou au centre du cantonnement.

D. — Quels sont les factionnaires qu'elle fournit ?

R. — Devant les armes et chez le colonel, et quelquefois dans le clocher ou sur un édifice élevé pour annoncer l'approche de l'ennemi, ou observer les signaux des avant-postes ou des corps voisins.

SERVICE DANS LES CANTONNEMENTS.

D. — Quelles sont les règles du service dans les cantonnements ?

R. — Les règles ordinaires sur le service intérieur sont observées en tout ce qui n'est pas contraire aux dispositions prescrites par le service en campagne.

D. — Quels sont les devoirs généraux du soldat au cantonnement ?

R. — Redoubler de soins pour la propreté corporelle, la propreté du local qu'il habite, l'entretien de ses effets, et la conservation de ses munitions et de ses vivres de réserve.

D. — Est-il permis de s'absenter du cantonnement ?

R. — Personne ne doit sortir du cantonnement sans une autorisation écrite.

D. — Les soldats ont-ils le droit de circuler dans le cantonnement pendant la nuit ?

R. — Non. Une demi-heure après la retraite les hommes doivent être rentrés dans le logement qui leur est affecté.

D. — Quelles sont les pièces d'une maison que doivent habiter les soldats ?

R. — Afin de faciliter les réunions et de protéger les hommes contre le mauvais vouloir des gens du pays, les soldats occupent de préférence le rez-de-chaussée des maisons donnant sur la rue.

D. — A quoi a droit un soldat dans son logement ?

R. — Au coucher, à une place au fourneau, au feu en hiver et à la lumière.

D. — La nourriture n'est-elle pas, dans certains cas, fournie par l'habitant ?

R. — En pays ennemi, la nourriture est fournie autant que possible par l'habitant. Dans ce cas, l'ordre du jour en détermine la nature et la quantité.

D. — Quels doivent être les rapports des soldats avec les habitants ?

R. — En pays ennemi aussi bien qu'en pays ami, les soldats doivent respecter scrupuleusement les personnes et les propriétés. Toute exigence illégitime, toute maraude, tout pillage sont sévèrement réprimés.

D. — Comment doit s'y prendre un soldat qui ne peut obtenir ce qui lui est dû ?

R. — Il s'adresse sans retard à son chef immédiat, ou bien aux officiers et aux sous-officiers quand ceux-ci visitent les logements.

D. — Dans quelle tenue se font les corvées dans un cantonnement ?

R. — Dans celle prescrite par le commandant du cantonnement.

D. — Dans quels cas le service de garde, d'ordonnance et de détachement est-il censé fait ?

R. — Lorsque les gardes ou détachements ont dépassé l'enceinte du cantonnement, et, s'il s'agit d'une garde intérieure, lorsque cette garde est arrivée à son poste.

D. — Dans quels cas les corvées sont-elles censées faites ?

R. — Lorsqu'elles ont dépassé l'enceinte du cantonnement, et, s'il s'agit d'une corvée dans le cantonnement, lorsque cette corvée a commencé.

ALERTE AU CANTONNEMENT

D. — A quoi doit toujours être prêt le soldat dans un cantonnement ?

R. — A prendre instantanément les armes, en

cas d'alerte, et à retrouver de suite ses effets d'é-
quipement.

D. — Que doivent faire les soldats au signal
général d'alerte ?

R. — Ils prennent vivement les armes sans cris
ni tumulte ; les escouades se rassemblent, et les
différentes fractions se réunissent promptement
au lieu de rassemblement de la compagnie.

D. — Que doit-on exiger des habitants lorsque
l'alerte est donnée ?

R. — Qu'ils restent dans les maisons ; qu'ils
ferment les portes et les fenêtres en laissant les
volets ouverts, et, si c'est la nuit, que les fenêtres
soient éclairées.

D. — Quelle est la conduite à tenir si l'ennemi
pénètre dans le cantonnement ou s'il occupe la
place d'armes avant que les troupes aient eu le
temps de se former ?

R. — Chaque soldat fait son possible pour se
rallier au chef le plus voisin ; on barricade les
rues, on intercepte l'entrée des cours, on s'enferme
dans les maisons pour arrêter l'attaque ; les
groupes ralliés cherchent à se réunir entre eux,
de manière à pouvoir reprendre l'offensive.

DES BIVOUACS

DÉFINITIONS

D. — Qu'appelle-t-on bivouac?

R. — L'endroit où les troupes s'établissent pour
un séjour généralement très-court, en plein air, sous
la petite tente, ou sous des abris improvisés.

L'ordre donné avant l'établissement d'un bivouac, a le même objet que celui qui précède l'établissement au cantonnement.

BIVOUAC D'UN BATAILLON EN COLONNE

D. — Comment sont dressées les tentes, quand le bataillon campe en colonne?

R. — Les faisceaux étant formés, et les compagnies ayant déboîté à 6 mètres en dehors des faisceaux et fait front, les tentes sont dressées sur l'alignement des faisceaux et dans le sens de la profondeur. Chaque section forme une ligne de tentes qui sont pour 6 hommes, et sont séparées par 1 mètre d'intervalle.

D. — Où se trouvent les tentes des sous-officiers de section?

R. — Dans les compagnies de droite, à la droite de la section ou du peloton; dans les compagnies de gauche, à la gauche de la section ou du peloton.

D. — Où campent le sergent-major et les fourriers?

R. — Derrière les sous-officiers de la compagnie, et sur l'alignement des tentes des officiers.

D. — Où campent les officiers de compagnie?

R. — A 10 mètres derrière les tentes de la dernière section de la compagnie.

D. — Où campent les clairons, les tambours, les sapeurs ?

R. — A 9 mètres en avant de la section de tête du demi-bataillon de droite; leurs armes et instruments à 9 mètres en avant des faisceaux de cette section.

D. — Où campe la garde de police?

R. — A 9 mètres en avant de la section de tête du demi-bataillon de gauche; les faisceaux à 9 mètres en avant des faisceaux de cette section.

D. — Où est placé le drapeau?

R. — Entre les faisceaux des clairons et ceux de la garde de police.

D. — Où sont allumés les feux pour les cuisines?

R. — A 15 mètres sur le côté, à droite et à gauche des compagnies.

D. — Où campent le chef de bataillon, l'adjudant-major et le médecin?

R. — Derrière le demi-bataillon de droite, à 10 mètres en arrière des officiers de la 1re compagnie.

D. — Où campe l'adjudant?

R. — A 10 mètres en arrière des officiers de la 4e compagnie.

D. — Où se trouve la cantine?

R. — A gauche, sur l'alignement de la ligne des officiers des 2e et 3e compagnies et sur la ligne des cuisines.

D. — Où le soldat doit-il aller aux latrines?

R. — A l'emplacement déterminé à cet effet, jamais ailleurs, ni aux latrines réservées aux officiers.

D. — Où campent le colonel, le lieutenant-colonel et le médecin-major de 1re classe?

R. — Derrière les deux compagnies de droite du

bataillon du drapeau, à 10 mètres des officiers de l'état-major de ce bataillon.

D. — Où campent l'officier-payeur et le porte-drapeau ?

R. — A 10 mètres en arrière du colonel.

D. — Où campe la musique ?

R. — Les musiciens campent sur l'alignement de la tente du colonel et derrière le demi-bataillon de gauche, le tambour-major et le sous-chef de musique à leur gauche ; le chef de musique en avant des musiciens, sur l'alignement de l'état-major du bataillon.

BIVOUAC D'UN BATAILLON EN LIGNE

D. — Comment sont dressées les tentes quand le bataillon bivouaque en ligne ?

R. — Après qu'un intervalle de double front de section a été pris entre les 2e et 3e compagnies, que les faisceaux ont été formés et que les compagnies ont reculé de 6 mètres, les soldats dressent les tentes sur deux lignes, dans le sens de la profondeur.

D. — Où se trouvent les tentes des sous-officiers de section ?

R. — Sur la première ligne, à la droite de leur section ou de leur peloton.

D. — Où campent le sergent-major et les fourriers ?

R. — A la gauche de la compagnie.

D. — Où sont établis les feux pour les cuisines ?

R. — A 15 mètres en arrière de la dernière ligne des tentes des compagnies.

D. — Où campent la garde de police, les tambours, les clairons, les sapeurs et la musique?

R. — Dans l'intervalle laissé entre la 2e et la 3e compagnie, la garde de police à droite de la 3e; les tambours, les clairons et les sapeurs à gauche de la 2e, les musiciens en arrière des tambours et clairons du bataillon du drapeau, le chef de musique sur l'alignement des officiers, le tambour-major et le sous-chef de musique ensemble.

D. — Où se trouve la cantine?

R. — Sur la ligne des cuisines, à l'extrême gauche.

D. — Où campent les officiers de compagnie?

R. — Derrière leur compagnie, à 20 mètres en arrière des cuisines.

D. — Où campent le chef de bataillon, l'adjudant-major, le médecin et l'adjudant.

R. — A 10 mètres en arrière de la ligne des officiers, le chef de bataillon et l'adjudant-major derrière la 2e compagnie, le médecin derrière la 3e, l'adjudant derrière la 4e.

D. — Où sont établis l'ambulance, la forge, les chevaux et les voitures?

R. — Derrière l'adjudant.

D. — Où campent le colonel, le lieutenant-colonel et le médecin-major de 1re classe?

R. — Au centre et à 10 mètres en arrière du 2e bataillon.

D. — Où est placé le drapeau?

R. — A la droite de la garde de police, au centre du bataillon derrière lequel se trouve le colonel.

D. — Où campent le porte-drapeau et l'officier payeur?

R. — A proximité du colonel et sur la même ligne.

D. — Quand on bivouaque en plein air ou sous des abris improvisés, sur quel emplacement se font les feux ou les abris?

R. — Sur le terrain qui aurait dû être occupé par les tentes de la troupe, et dissimulés, autant que possible, à la vue de l'ennemi.

D. — Quand on bivouaque dans les bois, quel emplacement choisit-on?

R. — Les emplacements favorables situés un peu en arrière de la lisière.

D. — Quelle défense est faite à la levée d'un bivouac?

R. — Il est formellement interdit de brûler la paille de couchage ou les abris qui ont pu être établis. Tous les feux doivent être éteints.

GARDE DE POLICE. — POSTE AVANCÉ. — CONSIGNE DES FACTIONNAIRES

D. — Combien la garde de police d'un bataillon isolé fournit-elle de factionnaires?

R. — Quatre.

D. — Comment sont-ils répartis dans un bivouac en colonne?

R. — Un devant les armes; un en arrière des

bagages, dont il a la surveillance; un sur chaque flanc.

D. — Où sont placés les factionnaires quand le bataillon bivouaque en ligne?

R. — Un devant les armes; un en avant de l'aile droite et un en avant de l'aile gauche du bataillon, chargés en même temps de la surveillance de chacun des flancs; un en arrière ayant la surveillance des bagages.

D. — La garde de police d'un bataillon isolé ne fournit-elle pas encore un autre homme de service?

R. — Elle fournit, en outre, un planton chez le chef de bataillon.

D. — Comment est composé le poste avancé de la garde de police d'un bataillon bivouaquant seul?

R. — D'un caporal et de six soldats. Il est placé à 100 mètres environ en avant du front du bataillon.

D. — Combien le poste avancé fournit-il de factionnaires?

R. — Un factionnaire devant les armes; il peut y en avoir deux pendant la nuit.

D. — Quelle est la composition du poste avancé de la garde de police d'un régiment?

R. — D'une escouade sous les ordres d'un sous-officier. Il est placé comme pour un bataillon seul et fournit le même nombre de factionnaires.

D. — Combien la garde de police d'un régiment fournit-elle de factionnaires?

R. — Neuf.

D. — Où sont-ils placés pour un régiment dont

les bataillons bivouaquent en colonne, l'un à côté de l'autre?

R. — Trois devant le front, dont un devant les armes chargé en même temps de la garde du drapeau; un sur chaque flanc extérieur du régiment; trois en arrière, dont un chargé de la garde des bagages; un chez le colonel.

D. — Comment sont-ils répartis si les bataillons sont l'un derrière l'autre?

R. — Un devant les armes, chargé de la garde du drapeau; trois sur chacun des flancs; un derrière les bagages dont il a la surveillance; un chez le colonel.

D. — Comment sont placés les factionnaires d'un régiment bivouaquant en ligne?

R. — Un devant les armes chargé de la garde du drapeau; un en avant de chacun des bataillons de droite et de gauche; un sur chaque flanc du régiment; trois en arrière, dont un chargé de la surveillance des bagages; un chez le colonel.

D. — Quelle est la consigne générale des factionnaires de la garde de police?

R. — Ne laisser franchir la ligne qu'ils forment, aux hommes de troupe, que pour le service; arrêter toutes les personnes étrangères à l'armée, qui se présentent pour entrer au bivouac, et les envoyer au poste avancé ou à la garde de police pour y être examinées; ne laisser entrer au bivouac les militaires d'autres corps que si le commandant de la troupe l'a autorisé; avertir, le jour comme la nuit, de tout mouvement extraordinaire dans le bivouac ou hors du bivouac.

D. — Quelle est la consigne particulière du factionnaire placé près du drapeau?

R. — Ne le laisser déplacer qu'en présence d'un détachement; n'y laisser toucher que le porte-drapeau ou le sergent de la garde de police s'il est accompagné de deux hommes en armes.

D. — Quelle est la consigne particulière du factionnaire du poste avancé?

R. — Surveiller attentivement les prisonniers; ne jamais les perdre de vue, et ne les laisser aller aux latrines qu'individuellement et sous l'escorte d'un soldat en armes.

D. — Quelle est la consigne du factionnaire du colonel ou du planton du chef de bataillon?

R. — Prévenir directement le commandant de la troupe, de jour comme de nuit, de tout mouvement extraordinaire dans le bivouac ou hors du bivouac.

SERVICE AU BIVOUAC

D. — Est-il permis de faire des sonneries au bivouac?

R. — On ne fait de sonneries que lorsque l'ennemi est assez éloigné pour que le son des instruments ne puisse lui parvenir; elles sont, du reste, aussi rares que possible.

D. — Combien est-il fait d'appels par jour?

R. — Habituellement trois : le premier, une demi-heure après le réveil; le deuxième, à midi; le troisième, une demi-heure après la retraite.

D. — Où les hommes se réunissent-ils pour les appels?

R. — A leurs faisceaux.

D. — Dans quelle tenue les hommes se présentent-ils aux appels?

R. — Sans armes pour les appels du matin et du soir. Pour l'appel de midi, ils sont en armes et sac au dos; si la troupe est sous les petites tentes, elles ne sont pas démontées.

D. — Quelle doit être la première occupation du soldat, après l'appel du matin?

R. — Prendre son fusil aux faisceaux, l'essuyer, le mettre en état, et le replacer aussitôt après. La conservation de son fusil et de ses cartouches, garantie de la vie et de l'honneur du soldat, doit être l'objet de son attention incessante.

D. — A quel moment doivent être éteints les feux des cuisines?

R. — Pour l'appel du soir, à moins d'ordres contraires.

D. — Jusqu'à quelle heure les soldats peuvent-ils être à la cantine?

R. — Jusqu'à l'appel du soir. Ceux qui y sont trouvés après cet appel sont mis à la garde du camp, ainsi que les cantiniers qui sont sévèrement punis.

D. — Comment les cuisiniers vont-ils à l'eau?

R. — Isolément, si c'est permis; dans le cas contraire, ils sont réunis par compagnie et conduits par le sergent de jour.

D. — Quels soins doivent avoir les soldats de leurs vivres?

R. — Ils ne sauraient trop les soigner ni les ménager. Si la distribution a été faite pour plusieurs jours, il faut résister à l'envie de les consommer dans un laps de temps plus court que celui que comporte la distribution. Le gaspillage des vivres porte le soldat à la maraude, et la maraude le conduit au conseil de guerre et au déshonneur.

ALERTE AU BIVOUAC

D. — Quels sont les devoirs du soldat en cas d'alerte?

R. — S'équiper à la hâte et dans le plus grand silence, se porter aux faisceaux, mais ne les rompre que quand l'ordre en est donné.

D. — A quoi reconnaît-on la valeur des soldats d'une compagnie quand l'alerte est donnée?

R. — A l'ordre et au silence qui règnent dans toutes les fractions de cette compagnie, au sang-froid que montrent les hommes, à la confiance qu'ils ont en eux-mêmes, en leurs camarades et en leurs chefs.

D. — Quelles défenses sont faites pour éviter toute fausse alarme dans un bivouac?

R. — Il est rigoureusement interdit de tirer des coups de feu au bivouac et dans les environs, et de pousser d'autres cris que ceux prescrits pour la reconnaissance des rondes et des patrouilles.

DU MOT

D. — Qu'est-ce que le mot?

R. — Le mot est une expression qui change tous les jours. Il sert aux individus et aux détachements à se reconnaître entre eux et à éviter les surprises.

D. — De combien de noms se compose le mot?

R. — De deux noms : le premier, appelé *Mot d'ordre*, doit être le nom d'un grand homme, ou d'un général célèbre, ou d'un brave mort au champ d'honneur ; le second, appelé *Mot de ralliement*, doit être le nom d'une bataille, d'une ville, ou d'une vertu civile ou guerrière.

D. — A qui un soldat qui a reçu le mot, en doit-il communication ?

R. — A ceux de ses supérieurs à lui connus qui ont mission de contrôler son service, aux chefs de rondes, de patrouilles, sous la réserve formelle que ces derniers lui auront d'abord, et très-exactement, donné le *Mot d'ordre*.

DES AVANT-POSTES

PRINCIPES GÉNÉRAUX

D. — Quelle est la mission des avant-postes et comment se subdivise ce service ?

R. — Leur mission a un double but :
1º Protéger la troupe qu'ils couvrent contre toute surprise, et lui donner le temps de prendre ses dispositions de combat ;
2º Fournir à cette troupe des renseignements sur la position, les mouvements et les projets de l'adversaire.

Dans ce double but, le service des avant-postes se divise en deux parties, l'une fixe et l'autre mobile.

D. — Combien la *partie fixe* comprend-elle généralement de lignes ?

R. — Trois : celle des sentinelles, celle des petits postes et celle des grand'gardes.

D. — Où sont placées les sentinelles et quelle est leur tenue?

R. — Elles sont placées en première ligne pour observer l'ennemi et avertir de ses mouvements; elles ont le sac au dos et sont accolées par deux. Chaque groupe se nomme *sentinelle double*.

D. — Quelle est la destination des petits postes?

R. — De fournir les sentinelles et de les soutenir en opposant une première résistance en cas d'attaque.

D. — Quelle est la mission des grand'gardes?

R. — Fournir et renforcer au besoin les petits postes, les recueillir lorsqu'ils sont repoussés, et arrêter l'ennemi assez longtemps pour que les troupes en arrière puissent prendre leurs dispositions de combat.

D. — Que comprend la *partie mobile* du service des avant-postes?

R. — Les patrouilles et les rondes.

D. — Quel est le rôle des patrouilles?

R. — D'aller au-delà des sentinelles fouiller le terrain, observer les positions et les mouvements de l'ennemi, recueillir des renseignements sur son compte, inquiéter les explorations qu'il peut entreprendre, et aussi établir la liaison avec les postes des corps voisins.

D. — Combien distingue-t-on d'espèces de patrouilles?

R. — Trois espèces : 1º les patrouilles rampantes ou petites patrouilles (3 hommes); 2º les patrouilles ordinaires (10 à 20 hommes); 3º les patrouilles de reconnaissance, dont l'effectif peut s'élever jusqu'à une compagnie.

D. — Quelle est la mission des rondes?

R. — De parcourir le terrain occupé par les petits postes et les sentinelles, pour s'assurer que le service s'y fait exactement.

D. — De combien est la durée du service aux avant-postes?

R. — Habituellement de vingt-quatre heures.

D. — A quel moment a lieu le relèvement de ce service?

R. — Le plus souvent le matin, ou au moment du départ lorsqu'on se met en route.

D. — Quel est le moyen, aux avant-postes, d'éviter les surprises de nuit?

R. — C'est de veiller la nuit et de dormir le jour, lorsqu'on le peut.

D. — Une troupe aux avant-postes rend-elle les honneurs?

R. — Non. Il faut éviter, aux avant-postes et surtout sur la chaîne des sentinelles, tout bruit inutile qui pourrait donner l'éveil à l'ennemi.

DES SENTINELLES

DEVOIRS DES SENTINELLES

D. — Quels postes choisit-on pour les senti-nelles des petits postes?

R. — Des points d'où elles puissent bien observer le terrain environnant et découvrir au loin, et de manière que deux groupes voisins de sentinelles s'aperçoivent réciproquement. En général, elles sont à 200 ou 300 mètres en avant du petit poste, et séparées par un intervalle de 200 à 300 mètres d'un groupe à l'autre.

D. — Si deux groupes voisins de sentinelles ne peuvent s'apercevoir, quelle condition doivent-ils remplir l'un envers l'autre?

R. — Il faut au moins que chacun d'eux découvre une portion du terrain embrassé par l'autre, afin que personne ne puisse passer entre eux sans être vu.

D. — Quels emplacements recherche-t-on pour poster les sentinelles?

R. — Les sentinelles sont, autant que possible, dérobées à la vue de l'ennemi par un mur, un arbre, une éminence ou un pli de terrain dont elles ne dépassent le plan que de la tête. Mieux vaut pour une sentinelle apercevoir moins loin et pouvoir observer sans être vue par l'ennemi.

D. — A défaut d'objets qui dérobent les sentinelles à la vue de l'ennemi, comment y suppléent-elles?

R. — Elles peuvent se servir de branchages, de gerbes, de trous, etc., pour se masquer aux vues de l'ennemi. Dans ce cas surtout, elles doivent se tenir cachées et immobiles.

D. — Comment est réparti le service entre les deux hommes placés en sentinelle double?

R. — L'un des deux, caché et immobile, observe attentivement le terrain en avant et sur les côtés, tandis que l'autre parcourt les sinuosités, les replis du terrain, les escarpements des chemins creux et assure la communication avec les sentinelles voisines.

D. — Comment les sentinelles se reconnaissent-elles quand elles se rencontrent dans ces excursions?

R. — A l'aide de signaux convenus et des mots d'ordre et de ralliement.

D. — Que doit connaître une sentinelle dès qu'elle est postée?

R. — 1º La position et les entreprises probables de l'ennemi;

2º La position de son petit poste et le chemin à suivre pour se replier;

3º La ligne de retraite que prendra le petit poste dont elle dépend;

4º Le nom des localités situées à l'horizon, habitations, montagnes, ponts, cours d'eau, routes, etc.;

5º Les distances auxquelles se trouvent les objets qui peuvent servir de points de repère pour le tir;

6º Le mot d'ordre et le mot de ralliement et les signaux qui doivent être faits selon les circonstances.

D. — Que doit faire une sentinelle qui n'a pas bien compris les instructions qui lui ont été données?

R. — Demander des explications.

D. — Que doivent faire les sentinelles des ailes quand elles sont établies?

R. — Se mettre sans retard en communication avec les sentinelles des petits postes voisins.

D. — Quand il y a lieu de placer des sentinelles en arrière de la première ligne, les double-t-on?

R. — Comme elles sont très-rapprochées des postes qui les fournissent, elles sont ordinairement simples.

D. — Après combien de temps les sentinelles sont-elles relevées de leur service?

R. — Leur relèvement se fait habituellement toutes les deux heures; il a lieu toutes les heures pendant la nuit et lorsque la température est rigoureuse.

D. — Pourquoi affecte-t-on les mêmes hommes au service des mêmes sentinelles doubles?

R. — Afin qu'ils aient plus de facilité pour surveiller un terrain qu'ils connaissent déjà.

D. — Quel est le devoir d'une sentinelle qui est relevée à l'égard de celle qui la remplace, et à sa rentrée au petit poste?

R. — Indiquer tout ce qu'elle a vu et les consignes qu'elle a reçues; fournir tous les renseignements qui peuvent faciliter l'exécution du service. En rentrant au petit poste, la sentinelle fait son rapport.

D. — Quel est le devoir des sentinelles pendant leur service?

R. — Être constamment attentives de l'œil et de l'oreille dans la direction de l'ennemi; surveiller spécialement les routes; avoir toujours leurs armes chargées, mais agir avec calme et sang-froid pour ne pas donner une fausse alerte; ne pas oublier que leur vigilance assure leur propre sécurité en même temps que celle des troupes en arrière.

D. — Les sentinelles rendent-elles les honneurs?

R. — Non, dans aucun cas. Elles ne doivent pas se laisser distraire de leur service d'observation par l'apparition d'un supérieur; elles se bornent à répondre aux questions que celui-ci peut leur adresser.

D. — Sur quoi doit encore se porter l'attention des sentinelles?

R. — Elles recherchent avec soin les indices qui peuvent fournir d'utiles renseignements; elles n'en négligent aucun, quelque faible qu'il puisse paraître.

INDICES

D. — Quels sont les indices que les sentinelles doivent particulièrement observer?

R. — Les nuages de poussière s'élevant régulièrement au loin, leur direction, leur hauteur, leur épaisseur;

Le vol d'un grand nombre d'oiseaux s'enfuyant bruyamment dans une même direction;

Le roulement des voitures, le claquement des fouets, le hennissement des chevaux, les aboiements prolongés des chiens dans un village;

Le rapprochement ou l'éloignement du bruit, ou bien sa persistance dans le même lieu et l'existence de nouveaux feux;

La nature de troupes en marche (infanterie, artillerie, cavalerie, convois), l'importance de la colonne, sa vitesse; sa direction, le nombre des éclaireurs, flanqueurs; les reflets plus ou moins brillants des armes;

La présence d'un officier à cheval précédé de vedettes et suivi d'une escorte nombreuse;

Les traces de pas, les empreintes laissées par les fers des chevaux ou les roues des voitures;

Le nombre des sentinelles et vedettes de l'ennemi;
la fréquence et la direction de ses patrouilles;

Un redoublement de surveillance sur la ligne
des avant-postes ennemis;

La nature et les heures des signaux par la trompette et le tambour;

L'heure du relèvement des postes et des sentinelles de l'ennemi;

L'intensité de la fumée pendant le jour, l'éclat
et le nombre des feux pendant la nuit dans les
bivouacs ennemis;

L'extinction subite des feux après avoir répandu
soudainement une vive lumière, ou leur extinction
progressive;

L'inquiétude des habitants, leur insolence, si
l'on est en pays hostile.

D. — Comment s'y prendra une sentinelle pour
juger du sens de la marche d'une colonne très-éloignée?

R. — Elle choisira un objet distinct, soit un
arbre, une maison, un buisson, etc., en dehors de
la troupe qu'elle observe. Suivant que cette troupe
se rapproche ou s'éloigne de ce point de repère,
on en déduit la direction qu'elle suit.

D. — Et pour apprécier l'effectif de cette troupe,
et pouvoir rendre compte de sa composition?

R. — Prenant un point de repère sur la route
choisie, elle notera le temps que chaque espèce
de troupe mettra pour défiler devant ce point, par
exemple : *des troupes d'infanterie pendant 12 minutes; puis de l'artillerie pendant 5 minutes; puis
encore de l'infanterie pendant 25 minutes.*

D. — Que doivent faire les sentinelles qui ont
recueilli quelque indice?

R. — Prévenir, par un signe convenu d'avance,

leur petit poste, dont le chef vient reconnaître ; rendre compte aux rondes et aux patrouilles. Pendant la nuit, l'une des sentinelles va prévenir, tandis que l'autre continue d'observer.

D. — Comment un soldat pourra-t-il reconnaître que des traces de pas d'hommes, de chevaux, de roues de voitures sont des traces ennemies ?

R. — Après quelques jours de campagne, un soldat aura certainement l'occasion de voir une chaussure ayant appartenu à un soldat ennemi ; il remarquera alors quelque détail de la semelle qui lui permettra de distinguer une trace ennemie d'une trace amie. Il en est de même pour la ferrure des chevaux et l'écartement des roues des transports de l'ennemi.

PERSONNES SE PRÉSENTANT POUR FRANCHIR LA LIGNE DES AVANT-POSTES

D. — A qui les sentinelles peuvent-elles laisser franchir leur ligne ?

R. — A des chefs connus d'elles, ou à des personnes accompagnées par un caporal ou un homme du petit poste.

D. — Que faut-il faire lorsque quelqu'un venant de l'intérieur ou de l'extérieur s'approche d'une sentinelle double ?

R. — L'un des deux hommes s'avance et crie : *Halte-là !*

D. — Si la personne s'arrête ?

R. — La sentinelle lui demande qui elle est, ce qu'elle veut.

D. — Et si la personne ne s'arrête pas ?

R. — La sentinelle répète le cri *Halte-là !* et si l'on ne s'arrête pas à cette seconde injonction, ou si l'on cherche à s'enfuir, la sentinelle fait feu.

D. — Que fait-on de la personne qui s'est arrêtée ?

R. — Elle est conduite par un homme jusqu'au petit poste.

D. — Comment agit la sentinelle si plusieurs individus se présentent à la fois ?

R. — Elle agit de même que pour un seul individu ; mais après avoir crié : *Halte-là !* elle fait avancer un de ceux qui composent le groupe. Les personnes ainsi arrêtées sont ensuite conduites au poste.

D. — Et si les personnes sont très-nombreuses ?

R. — Le petit poste prévenu les envoie chercher.

D. — Comment une sentinelle simple arrête-t-elle toute personne qui se présente ?

R. — De la même manière qu'une sentinelle double, et elle prévient le petit poste par un signal.

DÉSERTEURS

D. — Que doit faire une sentinelle lorsqu'elle voit un soldat qui tente de déserter ?

R. — Elle cherche à l'arrêter et le conduit ou le fait conduire au petit poste.

D. — Et si elle ne peut le joindre ?

R. — Elle fait feu sur lui.

D. — Quel est le devoir d'une sentinelle si des déserteurs ennemis se présentent ?

R. — Elle redouble de vigilance, les arrête à
100 mètres et leur ordonne ou leur fait signe de
déposer leurs armes, d'attacher leurs chevaux ou
de les dessangler, et de s'en éloigner de quelques
pas. Les déserteurs sont ensuite conduits désarmés
et à pied au petit poste.

D. — Que fait-on de leurs chevaux et de leurs
armes?

R. — Leurs chevaux sont ramenés et leurs armes
sont rapportées, soit par les sentinelles, quand
celles-ci sont relevées, soit par des hommes envoyés du petit poste.

D. — Quelle précaution faut-il prendre si les
déserteurs se présentent en grand nombre?

R. — On ne les laisse approcher que successivement.

D. — Que doit faire une sentinelle si des déserteurs, prétextant qu'ils sont poursuivis, la sup-
plient de les laisser se réfugier derrière elle?

R. — Quand même elle en verrait la preuve, la
sentinelle doit être inexorable et les maintenir à
100 mètres, cette conduite pouvant n'être qu'une
ruse de l'ennemi pour surprendre les sentinelles
et le petit poste. D'ailleurs, un déserteur est un
être méprisable auquel il n'est dû aucun égard.

PARLEMENTAIRES.

D. — A quoi se reconnaît un parlementaire?

R. — Au port d'un drapeau blanc et aux *appels*
que sonne le trompette qui l'accompagne.

D. — Que font les sentinelles quand un parlementaire s'annonce par les formalités d'usage?

R. — Elles le font arrêter à 100 mètres de la ligne, préviennent immédiatement le petit poste et redoublent de vigilance.

D. — Que doivent faire les sentinelles dès que le parlementaire s'est arrêté ?

R. — Le maintenir, ainsi que le trompette, à l'endroit où ils ont été arrêtés, leur faire faire face à l'extérieur jusqu'à l'arrivée du commandant du petit poste.

D. — Les sentinelles ont-elles le droit de communiquer avec les parlementaires ?

R. — Jamais, et en aucune façon. Un parlementaire, quoique couvert par le droit des gens, est toujours un ennemi, et souvent un ennemi très-dangereux ; les questions qu'il fait, quelque simples qu'elles paraissent, cachent toujours un piége.

DÉCOUVERTE DE L'ENNEMI.

D. — Qu'ont à faire les deux hommes d'une sentinelle double, lorsqu'une troupe ennemie s'approche ?

R. — L'un des deux avertit rapidement le petit poste, pendant que l'autre continue d'observer en se dissimulant le plus possible.

D. — Quel est le devoir de la chaîne des sentinelles si l'ennemi continue à s'avancer ?

R. — Elle résiste et cherche à l'arrêter ; si elle ne le peut, elle se replie lentement sur le petit poste, tout en combattant.

D. — Et si l'ennemi se précipite résolument sur les sentinelles, ou s'il les surprend ?

R. — Toutes font feu à plusieurs reprises, alors

même que toute défense serait inutile ; le salut commun peut en dépendre. Elles rejoignent ensuite le petit poste par un circuit, afin de dépister l'ennemi qu'elles ne perdent pas de vue.

SERVICE DE NUIT.

D. — De quelle manière s'exerce la vigilance des sentinelles pendant la nuit ?

R. — Elles doivent plus se fier à leurs oreilles qu'à leurs yeux : aussi, pour écouter plus sûrement tout ce qui pourrait trahir l'approche de l'ennemi, leur est-il formellement défendu de s'envelopper la tête ; c'est encore pour cela qu'on évite de les placer près des moulins, écluses, cours d'eau rapides, usines, dont le bruit les empêcherait d'entendre.

D. — Que leur est-il prescrit en outre ?

R. — De ne pas fumer et d'observer le plus grand silence.

D. — Qu'ont-elles à faire pour ne pas se tromper sur l'orientation ?

R. — Choisir un point de repère fixe et apparent dans la direction qu'elles doivent observer.

D. — Les sentinelles laissent-elles franchir leur ligne pendant la nuit ?

R. — En dehors des rondes et des patrouilles, personne ne doit franchir la ligne des sentinelles, ni pour entrer, ni pour sortir, à moins d'un ordre particulier du commandant de la grand'garde.

D. — Et si quelqu'un tentait de forcer cette consigne ?

R. — La sentinelle ferait feu sur lui.

D. — Si des coups de feu se font entendre sur un point de la ligne, que font les sentinelles ?

R. — Un homme de chacun des groupes les plus voisins se porte, sans trop s'éloigner, dans la direction de ces coups de feu, pour en connaître la cause ; mais, dans aucun cas, les deux hommes du même groupe ne peuvent quitter en même temps l'emplacement qu'ils occupent.

MANIÈRE DE RECONNAITRE UNE TROUPE, UNE RONDE OU UNE PATROUILLE.

D. — En plein jour, une sentinelle doit-elle arrêter une troupe, une ronde, une patrouille, dont elle connaît personnellement les hommes ?

R. — Non. Elle laisse passer cette troupe sans l'arrêter et sans aucune formalité de reconnaissance.

D. — Mais si c'est de nuit, ou si la sentinelle conçoit quelque doute ?

R. — Alors elle arme son fusil et crie : *Halte-là !*

D. — Et si l'on ne s'arrête pas ?

R. — Elle crie une seconde fois : *Halte-là !*

D. — Si l'on n'obéit pas à cette nouvelle injonction ?

R. — Elle fait feu et cherche à se rendre compte si elle a atteint son adversaire.

D. — Si l'on s'arrête ?

R. — La sentinelle crie : *Qui vive ?*

D. — Lorsqu'on a répondu : *France,* ou *ronde,*

ou *patrouille*, et fait le signal convenu, que dit la sentinelle ?

R. — *Avance à l'ordre !*

D. — Comment la reconnaissance est-elle alors faite ?

R. — Un homme de la troupe à reconnaître se porte en avant ; la sentinelle l'arrête à quelques pas, reçoit le mot d'ordre et donne en échange le mot de ralliement. Ces mots doivent être prononcés le plus bas possible.

D. — A quelle distance faut-il arrêter une troupe?

R. — A une distance d'autant plus grande que cette troupe est plus nombreuse.

D. — Que doit encore faire une sentinelle à l'approche de toute troupe armée ?

R. — Prévenir immédiatement le petit poste.

D. — Si une troupe rentrant dans les lignes n'a pas connaissance du mot, que fait la sentinelle ?

R. — Après l'avoir arrêtée à distance, elle prévient immédiatement le chef du petit poste, qui vient s'assurer de l'identité de la troupe.

D. — Lorsque, par suite de la proximité de l'ennemi, il est à craindre que les cris de *Halte-là !* et de *Qui vive?* ne lui décèlent l'emplacement des sentinelles, comment fait-on pour arrêter et reconnaître les rondes et les patrouilles ?

R. — On remplace les cris de *Halte-là!* et de *Qui-vive?* par des signaux.

D. — Comment se font ces signaux ?

R. — Les sentinelles font les premières un signal ; il leur est répondu par le signal convenu.

D. — Les hommes d'un même régiment n'ont-ils pas encore un autre moyen de se reconnaître ?

R. — Ils échangent leurs noms, le numéro de leur compagnie, etc.

D. — Comment deux sentinelles qui se croisent, pendant la nuit, se reconnaissent-elles ?

R. — Elles se reconnaissent suivant les mêmes principes : la première qui aperçoit l'autre crie : *Halte-là !* ou fait le signal convenu.

PETITS POSTES

D. — Quel doit être l'emplacement d'un petit poste par rapport à la ligne des sentinelles ?

R. — Le petit poste est établi en arrière du centre de la ligne des sentinelles, de manière à pouvoir les soutenir et les recueillir au besoin, et de préférence près d'un chemin, afin qu'on puisse le trouver facilement.

D. — Quel est le terrain le plus favorable pour son emplacement ?

R. — Celui qui permet une communication facile, d'une part avec les sentinelles, et de l'autre avec la grand'garde, et qui, tout en offrant un abri au petit poste, ne l'empêche pas d'exercer sa surveillance.

D. — Combien de temps dure le service d'un petit poste ?

R. — Un petit poste est habituellement relevé par la grand'garde une fois dans la journée, le matin ou le soir un peu avant la tombée de la nuit, assez à temps pour que la garde montante puisse s'orienter et se reconnaître sur le terrain.

D. — Pendant que le chef du petit poste va placer les sentinelles de la 1re pose, que fait le petit poste ?

R. — Le petit poste reste sous les armes, sur un emplacement provisoire s'il ne relève pas une troupe déjà placée.

D. — Quand le petit poste forme-t-il les faisceaux ?

R. — Lorsque les patrouilles envoyées du côté de l'ennemi avant le placement des sentinelles, sont rentrées et qu'elles ont fait leur rapport.

D. — Quelle tenue ont les hommes aux petits postes ?

R. — Ils gardent leur équipement.

D. — Les petits postes peuvent-ils allumer du feu ?

R. — Non, jamais.

D. — Quel repos les hommes d'un petit poste sont-ils autorisés à prendre ?

R. — Pendant le jour, le chef du petit poste désigne alternativement pour se reposer autant d'hommes que les circonstances le permettent. Pendant la nuit, tous les hommes veillent et sont prêts à prendre les armes.

D. — Par qui un petit poste est-il prévenu de ce qui se passe sur la ligne des sentinelles, et de tout incident ?

R. — Par un factionnaire placé à quelques pas en avant du petit poste.

POSTES DE QUATRE HOMMES

D. — Dans quels cas emploie-t-on des postes de quatre hommes pour remplacer les petits postes et les sentinelles doubles ?

R. — Lorsque le terrain est tellement fourré et tellement accidenté que les sentinelles se trouvent hors de la vue les unes des autres et du petit poste, et que celui-ci est exposé à ne pouvoir leur porter secours en temps utile.

D. — Par qui sont commandés ces postes de quatre hommes ?

R. — Par un caporal ou un soldat chef de patrouille.

D. — Comment est installé un poste de quatre hommes ?

R. — Un des hommes est placé en sentinelle simple ; les autres s'asseoient ou se couchent à une cinquantaine de pas au plus en arrière, en se dissimulant de leur mieux. Ils observent le silence et ne fument pas.

D. — Comment est organisé le service dans les postes de quatre hommes ?

R. — La sentinelle est relevée toutes les heures, les postes toutes les quatre heures ; les hommes du poste sont employés pour maintenir ses communications avec les postes voisins et avec la grand'garde distante de 300 à 400 mètres. Les postes de quatre hommes ne fournissent pas de patrouilles rampantes.

D. — Qui fait alors les patrouilles rampantes ?

R. — Elles sont envoyées par la grand'garde.

GRAND'GARDE

D. — Quels sont les devoirs des soldats d'une grand'garde ?

R. — D'être toujours prêts à prendre instantanément les armes et à marcher, même la nuit.

D. — Quelle précaution doivent-ils prendre lorsqu'il leur est permis d'allumer des feux et de faire la soupe ?

R. — Que l'éclat de ces feux ou leur fumée ne puisse faire connaître à l'ennemi l'emplacement de la grand'garde.

D. — Lorsqu'on ne peut placer ces feux derrière un mur, une éminence ou quelque autre rideau, comment les masque-t-on du côté de l'ennemi ?

R. — Au moyen de branchages, de portes renversées, etc. En outre, les soldats préparent à l'avance du gazon ou de la terre mouillée auprès de chaque feu, afin de pouvoir l'éteindre subitement si c'est nécessaire.

D. — Par qui sont préparés les aliments des hommes des petits postes, à qui il est défendu de faire du feu ?

R. — Par la grand'garde.

D. — Quand la grand'garde ne peut elle-même faire du feu, qui prépare ses repas, ainsi que ceux des petits postes ?

R. — La réserve des avant-postes ou le corps principal.

D. — Dans quelle proportion les hommes d'une grand'garde peuvent-ils se reposer pendant la nuit?

R. — Pendant la nuit, la moitié des hommes veille, pendant que l'autre moitié se repose. Une heure avant le jour, toute la grand'garde prend les armes et reste sur pied jusqu'à la rentrée des patrouilles.

PATROUILLES

D. — A quels moments les avant-postes envoient-ils des patrouilles ?

R. — En principe, on n'envoie de patrouilles, pendant la nuit, en dehors de la ligne des sentinelles, qu'exceptionnellement. Elles ont surtout lieu à la chute et au point du jour, lors de l'établissement des petits postes, et aussi dans le courant de la journée, toutes les fois qu'elles sont nécessaires pour assurer la sécurité des avant-postes.

D. — Quel est le but des patrouilles faites dans le courant de la journée ?

R. — Fouiller le terrain, s'informer si certains endroits sont occupés, comment sont établis les avant-postes de l'ennemi et quelle est leur force ; se rendre compte du plus ou moins de vigilance des sentinelles et des postes ennemis, de la configuration du terrain ; donner, en un mot, tous les renseignements que l'œil peut découvrir.

D. — Quel est l'objet de celles envoyées par le chef d'un petit poste, lorsqu'il établit les sentinelles de la première pose ?

R. — Poussées à quelques centaines de mètres en avant, elles assurent la sécurité du chef du petit poste, et vérifient si l'ennemi, embusqué dans le voisinage, ne peut se rendre compte des emplacements assignés aux sentinelles.

D. — Pourquoi en fait-on à la chute du jour ?

R. — Pour chercher à découvrir si les postes ennemis ne se mettent pas en mouvement, quels emplacements ils prennent pour la nuit, si une troupe ennemie ne s'établit pas à proximité dans quelque couvert du terrain.

D. — Quelle est la mission de celles faites au point du jour ?

R. — Les patrouilles faites au point du jour et qui sont très-fréquentes, marchent à la découverte pour reconnaître, en avant et sur les flancs, les chemins creux et les inégalités du terrain favorables aux préparatifs d'une surprise ; si les avant-postes ennemis n'ont été ni augmentés ni mis en mouvement ; si, dans les positions ennemies, il ne se passe rien qui annonce des préparatifs de marche ou d'action.

D. — Quel est le but de celles faites pendant la nuit ?

R. — S'assurer si certains points, dont on n'a pu s'approcher de jour, sont occupés par l'ennemi ; enlever une sentinelle, ou une patrouille que l'ennemi a l'habitude de faire aux mêmes heures et par les mêmes chemins ; contrarier le service des patrouilles ennemies ; préparer une embuscade pour le point du jour.

MARCHE DES PATROUILLES.

D. — Dans quel ordre marche une patrouille rampante ?

R. — Les trois hommes qui la composent marchent les uns derrière les autres, le chef en tête ; suivant les circonstances, l'un d'eux est détaché sur le flanc menacé ; ils sont assez rapprochés pour se voir et se prêter un mutuel appui, assez éloignés pour n'être pas tous coupés et enlevés à la fois dans le cas où ils tomberaient dans une embuscade.

D. — Pourquoi le chef de la patrouille doit-il marcher en tête ?

R. — Parce que c'est de cette place seulement qu'il pourra juger, au fur et à mesure que la patrouille avancera, quel est le meilleur chemin à suivre, qu'il apercevra en temps opportun ce qu'il a intérêt à voir, qu'il pourra indiquer du geste à ses deux compagnons ce qu'ils ont à faire. Ceux-ci, veillant constamment à la sécurité de leur chef, seront toujours à même de le secourir en cas de péril. Si le chef n'est pas en tête, il sera obligé, à tout instant, d'interpeller l'homme de tête pour lui indiquer la direction, un couvert à utiliser comme poste d'observation, ou qu'il veut fouiller, etc.; souvent il n'apercevra que trop tard qu'il aurait fallu s'arrêter. En somme, il serait subordonné à ce que ferait l'homme de tête, et ne serait pas en réalité le chef de la patrouille.

D. — Quel est le point de départ d'une patrouille rampante ?

R. — La ligne des sentinelles, d'où on lui fait observer l'ensemble du terrain à explorer, et d'où on lui signale les particularités qui ont déjà été remarquées.

D. — Quelles mesures de sûreté prennent les patrouilles plus nombreuses ?

R. — Suivant leur force, elles détachent une pointe de deux ou trois hommes, ou bien se couvrent au moyen d'une avant-garde, de flanqueurs et d'une arrière-garde.

D. — Quelles précautions doivent toujours avoir les hommes en patrouille ?

R. — Ils ne causent ni ne fument ; ils se dissimulent autant que possible, disposent leurs armes de manière qu'elles ne puissent frapper l'une contre l'autre, et prennent enfin toutes les précautions pour diminuer le bruit de leur marche ; ils font de fréquentes haltes pour s'orienter et observer avec soin le terrain.

D. — Comment utilisent-ils le terrain pour cacher leur marche pendant le jour ?

R. — Ils se faufilent le long des haies, des murs, dans les chemins creux et les ravins ; ils disparaissent dans les bois et vont sur la lisière, du côté de l'ennemi, pour observer ce qui se passe ; ils évitent de marcher sur les routes, mais s'en rapprochent de temps en temps pour voir ce qui s'y passe.

D. — Comment se dirigent-ils pendant la nuit, ou s'il fait du brouillard ?

R. — Comme pendant le jour, ils évitent de marcher sur les routes mêmes, tout en s'en tenant assez près pour guider leur marche ; ils suivent les chemins encaissés et le fond des vallées, et s'arrêtent souvent pour mieux entendre.

D. — Que doivent faire les hommes d'une patrouille en approchant de l'ennemi ?

R. — Redoubler de précautions ; placer de temps en temps l'oreille contre le sol pour écouter ; s'embusquer quand ils entendent un bruit suspect.

D. — Que doivent-ils faire s'ils aperçoivent une troupe en marche ?

R. — S'abstenir absolument de faire feu, se cacher et chercher à connaître les forces et les projets de l'ennemi. Si l'un des hommes peut se retirer sans être découvert, il va prévenir.

D. — Quelle conduite faut-il tenir si une sentinelle ennemie crie : *Qui vive ?* à la patrouille ?

R. — S'arrêter et ne pas répondre, à moins que l'un des hommes de la patrouille, parlant la langue de l'ennemi, ne prononce quelques mots qui lui donnent le change et permettent aux autres soit de se rapprocher de la sentinelle pour l'enlever, soit de se retirer sans danger.

D. — Que doit faire une patrouille qui rencontre l'ennemi en force, et ne peut le dévancer pour prévenir la grand'garde en temps opportun ?

R. — Elle n'hésite pas à faire feu et se replie rapidement, à moins d'impossibilité, par la route qu'elle a suivie ; elle a une attention particulière à ne pas se laisser couper.

D. — Quelle manœuvre pourront souvent exécuter les patrouilles pour retarder la marche d'un ennemi nombreux, tout en évitant de se compromettre ?

R. — Se jeter sur un des flancs de la troupe ennemie, et reculer pied à pied en ayant bien soin de ne pas laisser l'adversaire gagner ses derrières.

D. — Que doit connaître un chef de patrouille avant son départ ?

R. — Les signaux de reconnaissance et les mots d'ordre et de ralliement ; il doit se bien pénétrer du but de sa mission, et arrêter dans son esprit ses moyens d'exécution.

D. — De quoi doivent être informés tous les hommes d'une patrouille ?

R.—Du but de la patrouille, des renseignements déjà recueillis, du lieu de ralliement pour le cas où quelques-uns s'égareraient.

D. — Les patrouilles doivent-elles revenir par les chemins qu'elles ont suivis au départ ?

R. — En règle générale non, sauf le cas de rencontre de l'ennemi en force, ainsi qu'il a été déjà dit.

D. — Jusqu'à quelle distance s'avancent les patrouilles rampantes ?

R. — Elles ne s'éloignent guère à plus de 500 à 800 mètres.

D. — Quelles précautions sont prises sur la chaîne des sentinelles pour éviter une méprise au retour des patrouilles ?

R. — Les sentinelles sont prévenues toutes les fois que des patrouilles franchissent leur ligne.

D. — Comment deux patrouilles qui se rencontrent, se reconnaissent-elles ?

R. — De la même manière qu'il est prescrit aux sentinelles qui voient venir une troupe. Elles échangent d'abord le signal de reconnaissance; la première des deux qui a aperçu l'autre reçoit le mot d'ordre et rend le mot de ralliement.

D. — Que font les deux chefs de patrouille après s'être reconnus ?

R. — Ils se communiquent leur itinéraire, les nouvelles qu'ils ont apprises et tout ce qu'ils ont observé eux-mêmes.

D. — Que doit faire un chef de patrouille à sa rentrée ?

R. — Rendre compte de sa mission au chef qui l'a envoyé en patrouille.

D. — Sur quoi doit porter ce rapport ?

R. — Sur la configuration du terrain parcouru ; sur le plus ou moins de vigilance des sentinelles et postes ennemis, en un mot, sur tout ce qu'il a reconnu.

D. — Quelle attention doivent avoir, pendant la marche, tous les hommes et particulièrement le chef d'une patrouille ?

R. — Se retourner fréquemment pour juger de l'ensemble et des détails du terrain au point de vue inverse de la marche, et en reconnaître les points importants pour éviter de se tromper en chemin en cas d'une retraite précipitée.

D. — Quelles précautions sera-t-il souvent bon de prendre pour retrouver son chemin sans hésitation ?

R. — Jalonner le chemin soit en coupant des branches aux arbres ou des morceaux d'écorce, soit en marquant des arbres par des liens de paille, soit en remarquant des tas de pierres, blocs de rochers, arbres isolés, etc.

D. — Quand une patrouille se trouve dans la nécessité de s'arrêter pour une cause quelconque, peut-elle le faire dans un lieu habité ?

R. — Jamais, ni même dans son voisinage.

D. — Quel endroit choisit-elle de préférence ?

R. — Un endroit d'où la retraite soit facile, et d'où elle puisse observer sans être vue.

D. — Peut-elle communiquer avec les gens du pays ?

R. — Elle doit éviter tout contact avec les habitants, même en pays ami.

D. — N'y a-t-il pas des cas où elle peut se départir de cette règle ?

R. — Une patrouille peut interroger les habitants qu'elle rencontre si elle a un intérêt pressant à le faire ; elle peut même en prendre comme guides, mais en ayant la précaution, s'ils ne paraissent pas sûrs, de les lier, de leur ôter les moyens de fuir ; on les menace même de mort en cas de trahison.

PETITES EXPÉDITIONS DES PATROUILLES RAMPANTES

D. — Comment s'y prend une patrouille qui a à fouiller, pendant le jour, un couvert quelconque ?

R. — Elle s'en approchera le plus près possible, en évitant les chemins, jusqu'en un point dominant d'où elle découvre la plus grande partie du couvert, sans être aperçue elle-même. Elle cherchera alors à voir ce qui s'y passe ; et ce n'est qu'après cette reconnaissance sommaire qu'elle fouillera en détail le terrain.

D. — Et si c'est de nuit, ou par un brouillard épais ?

R. — La patrouille se cachera dans le voisinage du couvert à fouiller et écoutera pendant quelques minutes si quelque bruit ne trahit pas la présence de l'ennemi. Elle procédera ensuite à la fouille.

D. — Comment agira une patrouille de 3 hommes pour fouiller une habitation isolée, ou un enclos quelconque, jardin, parc, cimetière, etc. ?

R. — Elle s'assure d'abord, en s'approchant

prudemment, qu'aucune troupe ennemie n'est embusquée extérieurement derrière une des faces de l'enclos; elle se saisit de l'entrée, et un des hommes cherche à voir dans l'intérieur. Deux hommes y pénètrent ensuite pour fouiller minutieusement l'intérieur, le troisième gardant l'entrée et surveillant l'extérieur. Si c'est une maison et qu'il y ait des habitants, on s'empare du maître, et, après l'avoir interrogé, on visite avec lui, en l'obligeant à marcher devant et à ouvrir lui-même les portes, d'abord le rez-de-chaussée, ensuite les caves, puis les dépendances (écuries, hangars, jardins, etc.), en dernier lieu les étages et les greniers. Un seul homme descendra pour fouiller les caves et visitera les dépendances, le chef occupant le rez-de-chaussée et le 3e homme redoublant de vigilance sur le voisinage de la maison.

D. — Pour visiter un chemin creux, un ravin?

R. — Le chef s'engagera dans le chemin même ou le thalweg du ravin, pendant que les deux autres hommes, devançant leur chef de quelques pas, suivront le haut de chacun des escarpements.

D. — Pour visiter et franchir un pont?

R. — Deux hommes fouillent d'abord le terrain en deçà, à droite et à gauche; ils reviennent ensuite vers le pont dont ils examinent le dessous. Le chef franchit alors le pont et fouille du regard les environs; les deux autres soldats le rejoignent rapidement et visitent la rive ennemie.

D. — Pour fouiller un bouquet d'arbres?

R. — Deux hommes tournent extérieurement le bouquet d'arbres, chacun d'un côté; quand ils ont gagné quelques pas d'avance, le chef le traverse. Les trois hommes, arrivés sur la lisière du côté de l'ennemi, observent les alentours avant de quitter l'abri que leur offre le couvert fouillé.

D.—Si une patrouille, qui a mission de fouiller un couvert quelconque, apprend par un habitant que l'ennemi l'occupe, doit-elle se contenter de cette déclaration et croire sa mission accomplie ?

R. — Non. Elle doit s'assurer par elle-même de la présence de l'ennemi, en s'approchant suffisamment pour se rendre compte, tout en se ménageant le moyen de se replier.

D. — A quoi reconnaîtra-t-on un gué, pour franchir un cours d'eau en évitant le passage par un pont qui sera probablement surveillé ?

R. — Si en suivant le cours d'eau, on remarque des points où aboutissent des chemins et des sentiers, et si, en ces points, on aperçoit dans l'eau des traces de roues, on aura très-probablement trouvé un gué. Il faut aussi chercher un gué aux endroits où la largeur du cours d'eau augmente d'une façon sensible, ou bien en amont d'un confluent, enfin dans les sinuosités du cours d'eau où deux coudes sont très-rapprochés. Dans ce cas, le gué a une direction oblique au courant.

D. — Comment s'y prend une patrouille rampante pour reconnaître les emplacements de jour des avant-postes ennemis ?

R. — La patrouille, qui a dû dissimuler soigneusement sa marche, s'arrête à l'abri d'un couvert à 300 ou 400 mètres, si c'est possible, de la ligne où elle suppose les sentinelles ennemies. Après quelques minutes d'examen, le chef envoie ses deux hommes, chacun dans une direction, et il se tient en observation. Les deux hommes s'avancent en rampant jusqu'à ce qu'ils aient découvert une des sentinelles ennemies.

D. — Que font ces deux hommes alors qu'ils ont découvert une sentinelle, sans avoir été découverts eux-mêmes ?

R. — Ils cherchent à découvrir l'emplacement des autres sentinelles, leur nombre, la direction de la ligne qu'elles forment, les points où il serait possible de traverser cette ligne sans être vu, les emplacements qu'occupent les petits postes. Cette reconnaissance faite et bien gravée dans leur esprit, ils retournent vers leur chef auquel ils rendent compte avec les moindres détails ; et quand les trois hommes sont réunis, la patrouille se retire sans se faire voir.

D. — Comment fait une patrouille pour connaître les emplacements de nuit des sentinelles ennemies ?

R. — Leurs emplacements de jour étant connus, la patrouille se poste, avant la chute du jour, de manière à voir ces sentinelles dans ces postes, sans être vue elle-même, et ne les perd pas de vue. Quand elles se retirent à la brune, la patrouille rampante les suit pas à pas jusqu'à leurs nouveaux emplacements dont elle étudie les approches. Elle se retire ensuite sans bruit.

D. — Quel est le temps le plus favorable pour surprendre et enlever une sentinelle ennemie ?

R. — Le temps de pluie, de brouillard, de grande chaleur. Le point du jour, surtout quand l'ennemi se garde mal, est très-favorable à ces entreprises ; on peut aussi profiter de la nuit avec des soldats d'élite.

D. — Quel moment du service des sentinelles choisira-t-on de préférence ?

R. — Celui où les sentinelles ont fait à peu près la moitié de leur faction ; car alors leur attention se détend, et l'on court la chance qu'elles soient moins vigilantes.

D. — N'y a-t-il pas encore un moment très-propice ?

R. — Il y a encore celui où les postes prennent leur repas, occupation qui fait généralement négliger le service.

D. — Quelle est celle des sentinelles que l'on choisit de préférence comme but de l'entreprise ?

R. — Celle dont on peut le plus facilement approcher sans être vu, qui paraît la plus isolée et la moins en vue de son poste; celle placée près d'un moulin, d'une écluse, d'un cours d'eau rapide dont le bruit empêche d'entendre.

D. — Comment pourront souvent opérer les trois hommes d'une patrouille rampante pour enlever une sentinelle simple ?

R. — Un d'eux cherchera à gagner sa ligne de retraite; les deux autres se placeront de manière à achever de la cerner. Les trois hommes rétréciront alors, en rampant, le cercle dans lequel ils ont enfermé la sentinelle ennemie; et, lorsqu'ils ne pourront plus avancer sans risquer d'être découverts, ils s'élanceront sur elle au signal donné par le chef de la patrouille, en l'intimidant pour qu'elle ne tire pas. Ils l'entraîneront sans perdre de temps, ou la tueront si elle fait résistance.

D. — Une patrouille devra-t-elle faire feu pendant l'enlèvement d'une sentinelle ?

R. — Les hommes d'une patrouille se serviront de la baïonnette pour tuer une sentinelle qui fait résistance. Ils ne doivent faire feu que s'ils sont poursuivis par l'ennemi accouru au secours de sa sentinelle.

D. — Que doit faire la patrouille si, avant de

se jeter sur la sentinelle, un bruit éveille l'attention de celle-ci, et si elle crie : *Qui vive ?*

R. — Ce cri de la sentinelle sera, pour les trois hommes de la patrouille, le signal de l'assaillir au pas de course, s'ils en sont déjà rapprochés.

D. — Si un homme de la patrouille parvient à s'approcher de la sentinelle à quelques pas seulement sans être découvert, doit-il attendre les autres ?

R. — Non, il s'élancera sur elle. Mais il serait préférable qu'il y eût deux hommes au moins pour l'assaillir.

D. — Comment pourrait opérer une patrouille rampante pour enlever une sentinelle double ?

R. — Si les deux hommes de la sentinelle double se tiennent ensemble dans le même abri, la patrouille agira de la même façon que pour enlever une sentinelle simple. Si l'un des deux hommes est occupé à fouiller les accidents du sol, ce sera celui-là que la patrouille tentera d'abord d'enlever en cherchant à le surprendre dans un couvert. Si l'on réussit à l'enlever sans éveiller l'attention des autres sentinelles, on essaiera l'enlèvement du deuxième homme, contre lequel on agira alors comme pour une sentinelle simple.

DES MARCHES

DISPOSITION GÉNÉRALE

D. — Comment une troupe qui marche en présence ou dans le voisinage de l'ennemi, se garde-t-elle contre ses attaques et ses entreprises ?

R. — Au moyen de différentes fractions qu'elle détache et qui prennent les noms d'*avant-garde*, de *flanqueurs* et d'*arrière-garde*, selon qu'elles protégent la tête, les flancs ou la queue de la colonne.

DÉPART

D. — Quelles sont les batteries ou sonneries qui sont faites pour se mettre en route?

R. — Le *premier*, c'est-à-dire *aux champs*, suivi une heure après du *rappel*, quand une troupe, formée de la réunion de différents corps, doit se mettre en marche tout entière;

La *marche du régiment*, quand le régiment seul doit se mettre en route;

La *générale*, quand toutes les troupes doivent subitement quitter le bivouac ou le cantonnement.

ORDRE ET DISCIPLINE PENDANT LA MARCHE

D. — A quelles règles doivent se conformer les soldats pendant la marche?

R. — Marcher régulièrement et à leurs distances; placer leurs armes de manière à ne pas gêner leurs voisins; conserver toujours une tenue conforme aux ordres donnés; et ne se permettre à cet égard que les tolérances que le commandant de la colonne a accordées.

D. — A quoi reconnaît-on, pendant les marches, le bon soldat?

R. — A son zèle, à son attention dans les circonstances les plus pénibles; au strict et continuel accomplissement de tous ses devoirs, au milieu des plus grandes fatigues.

D. — Quelles défenses formelles sont faites pendant la marche?

R. — De tirer des armes à feu, de faire aucun cri de *halte* ni de *marche*; de s'arrêter individuellement aux ruisseaux, puits ou fontaines; de quitter les rangs dans la traversée des villages.

D. — Que doit faire un soldat qui a un besoin absolu de s'arrêter?

R. — En demander la permission à un officier ou à un sous-officier; il laisse son fusil à un de ses camarades, et il est tenu de rejoindre promptement sous peine de punition.

D. — Que fait-on des maraudeurs pris en flagrant délit?

R. — Ils sont remis à la gendarmerie.

D. — Que fait-on des autres?

R. — Ils sont remis à la police de leur corps.

D. — Où marchent les malades et les éclopés?

R. — Devant les ambulances.

HALTES

D. — A la sonnerie *halte*, que font les soldats d'une colonne d'un faible effectif?

R. — Ils s'arrêtent. Les quatre hommes les plus rapprochés l'un de l'autre forment les faisceaux; les soldats peuvent ensuite quitter les rangs.

D. — Que se passe-t-il quand la colonne a une grande profondeur?

R. — Toutes les subdivisions serrent d'abord à

leurs distances sur celle de la tête et les faisceaux sont formés successivement par les subdivisions:

D. — Combien dure habituellement la grand'-halte ?

R. — Une heure.

D. — Que doivent faire les soldats à la première halte qui a lieu environ trois quarts d'heure après le départ?

R. — Rectifier le paquetage, l'habillement et l'équipement.

PASSAGE D'UN GUÉ

D. — Quelles précautions doivent avoir les hommes au passage d'un gué?

R. — Conserver les yeux fixés sur un point de la rive opposée.

MARCHE DE NUIT

D. — Quelles mesures sont prises pour l'exécution d'une marche de nuit?

R. — Observer le plus grand silence. Dans certains cas, il est défendu de fumer.

AVANT-GARDE

PRINCIPES GÉNÉRAUX

D. — Quelle est la mission de l'avant-garde?

R. — Veiller à la sûreté de la troupe en marche, l'éclairer et la renseigner, écarter les obstacles qui

se trouvent sur la route ; enfin, attaquer et repous-
ser l'ennemi ou lui opposer une première résistance
suffisante pour que le gros de la troupe puisse
prendre ses dispositions de combat.

D. — Comment se subdivise une avant-garde ?

R. — Elle s'échelonne en détachements de plus
en plus petits, qui, en partant du corps principal,
prennent les noms de *gros*, de *tête*, de *pointe d'a-
vant-garde.*

D. — La pointe elle-même ne se subdivise-t-elle
pas ?

R. — La pointe détache une escouade en avant ;
celle-ci se couvre par un groupe d'éclaireurs, et, si
le terrain le permet, par un ou deux groupes sur
les côtés.

ÉCLAIREURS

D. — Quelle est la mission des éclaireurs ?

R. — Ils sont les yeux d'une avant-garde. Comme
dans le service des avant-postes, leur devoir est
d'observer sans se laisser voir, et de prévenir de
tout ce qu'ils ont remarqué. Le service a une grande
analogie avec celui des patrouilles rampantes ; mais
ils doivent agir plus rapidement.

D. — Quelles autres différences y a-t-il encore
entre le service des éclaireurs et celui des patrouilles rampantes ?

R. — C'est que les éclaireurs d'une avant-garde
sont soutenus à courte distance en arrière ; qu'ils
ne sont pas, avec certitude, dans le voisinage de
l'ennemi ; que, pour ne pas retarder la marche de
la colonne, ils doivent agir avec une prestesse et
une hardiesse relatives.

D. — Quelles sont les qualités essentielles d'un éclaireur?

R. — La ruse, l'audace, l'agilité, une grande adresse dans le tir, et, si c'est possible, la connaissance de la langue de l'ennemi.

D. — Dans quel ordre marchent les éclaireurs de l'escouade détachée de la pointe ?

R. — Deux hommes à la même hauteur des deux côtés de la route, à 150 mètres en avant de l'escouade; un troisième homme pour maintenir la communication à 50 mètres des deux premiers; un ou deux autres groupes de deux ou trois hommes, à 150 ou 200 mètres sur les côtés de la route.

D. — Que doivent faire les éclaireurs s'il se présente quelque obstacle sur la route, voitures renversées, barricades, coupures, etc.?

R. — S'assurer si l'ennemi n'occupe pas cet abri.

D. — Comment agissent-ils en arrivant à proximité d'une colline ou d'un pli de terrain?

R. — Un des hommes gravit seul la pente, et s'arrête, avant d'arriver à la crête, de manière à voir sans être vu. Le reste du groupe le suit à peu de distance, et un homme se tient prêt à aller rendre compte.

D. — S'il se présente un défilé?

R. — Les éclaireurs s'y engagent résolument et sans perdre de temps; l'exploration est complétée par la pointe.
Si le défilé est encaissé, les éclaireurs qui marchent sur les côtés de la route, gagnent le sommet du talus ou de la pente pour reconnaître le terrain.

D. — Quelle attention doivent avoir des éclaireurs qui atteignent un pont en pays hostile ou déjà parcouru par l'ennemi?

R. — Ils recherchent s'il existe des traces de travail récent qui pourraient indiquer une préparation de destruction. Ils examinent également le dessous du pont et des voûtes, pour s'assurer qu'aucune disposition de rupture n'a été prise.

D. — Lorsque la pointe arrive à un bois qui semble de peu d'étendue, comment agissent les éclaireurs qui suivent la route?

R. — Les deux premiers hommes s'engagent dans le bois et le traversent. L'un d'eux reste posté au débouché, tandis que l'autre prévient l'homme chargé de la communication; celui-ci va rendre compte au sous-officier qui s'est arrêté à l'entrée.

D. — Que font les éclaireurs latéraux?

R. — Suivant la nature du bois, ils s'engagent également à droite ou à gauche, ou bien ils rejoignent le soutien.

D. — Comment des éclaireurs traversent-ils un petit village?

R. — Ils suivent avec précaution les rues du village et transmettent leurs observations à l'homme de communication.

D. — Que font-ils quand ils arrivent pendant la nuit près d'un village?

R. — Ils se glissent silencieusement jusqu'aux premières maisons, s'arrêtent et écoutent. L'un d'eux cherche à pénétrer dans une maison afin d'en interroger les habitants; il en emmène au besoin.

D. — Comment agissent-ils à l'égard des personnes qu'ils rencontrent?

R. — Ils ne se laissent jamais dépasser par des personnes qui se dirigent du côté de l'ennemi ; ils les envoient, ainsi que celles qui viennent en sens contraire, au chef de la pointe.

D. — Qu'ont à faire des éclaireurs qui remarquent quelque indice positif de la présence de l'ennemi?

R. — Prévenir le sous-officier par le signal convenu, s'arrêter, chercher à se dissimuler et éviter de faire feu.

D. — Dans quel cas, cependant, les éclaireurs font-ils feu sur l'ennemi?

R. — Seulement lorsqu'il n'y a pas d'autres moyens de prévenir à temps la troupe en arrière.

D. — Lorsque des éclaireurs fouillent un village, et que la présence de l'ennemi est signalée dans le voisinage, quels sont les édifices qu'il faut visiter de préférence?

R. — La mairie, l'église, la poste, le télégraphe, la gendarmerie.

HALTE GARDÉE

D. — Que font les éclaireurs quand l'avant-garde reçoit l'ordre de prendre ses dispositions pour la *halte gardée?*

R. — Ils s'établissent d'eux-mêmes, sans autre avertissement, en sentinelles, sur les points les plus favorables à l'observation du terrain, qui sont à leur portée.

ARRIÈRE-GARDE

SON BUT

D. — Quel est le rôle de l'arrière-garde au point de vue du service de sûreté?

R. — Surveiller les derrières de la colonne pour empêcher l'approche des partis ennemis.

D. — Et au point de vue de la police?

R. — Arrêter les maraudeurs, empêcher les traînards de rester en arrière et les forcer à continuer leur route.

D. — Quelle est la destination de l'arrière-garde dans une marche en retraite?

R. — De couvrir et d'assurer les derrières de la colonne principale.

D. — Quelle est alors la force de l'arrière-garde?

R. — Elle est égale à la force de l'avant-garde dans la marche en avant.

D. — Quand l'ennemi ne suit que de loin, comment est fractionnée l'arrière-garde?

R. — Comme il est prescrit pour l'avant-garde; en outre, quelques hommes sont envoyés dans la direction de l'ennemi pour se renseigner sur sa marche.

D. — Mais si elle est vivement pressée par l'ennemi?

R. — Elle diminue alors les distances entre ses divers échelons, et maintient la distance qui la sépare du corps principal. Elle cherche, par tous les moyens, à ralentir la poursuite de l'adversaire.

DEVOIRS DES SOLDATS PENDANT LE COMBAT

PRINCIPES GÉNÉRAUX

D. — Dans quelles circonstances de la guerre le soldat mérite-t-il le mieux de la Patrie?

R. — C'est quand, malgré la mauvaise fortune, malgré les plus grands revers, loin de se laisser abattre, il redouble d'énergie, de ténacité et de courage.

D. — Dans quelles circonstances du combat le soldat fait-il preuve de la plus grande bravoure?

R. — C'est lorsque, attendant le moment où son chef l'engagera dans la lutte, il reste impassible à sa place de bataille, exposé au feu de l'ennemi, sans y répondre.

D. — Un soldat peut-il quitter le champ de bataille sous prétexte d'enlever des blessés?

R. — Il n'est permis de retirer des blessés du champ de bataille qu'après la décision de l'affaire; tous ceux qui peuvent tenir une arme doivent concourir en combattant à assurer la victoire, qui seule garantit aux blessés les soins nécessaires. Quitter son poste de combat, sous un prétexte quel qu'il soit, est une lâcheté que la loi militaire châtie par le déshonneur et par la mort.

D. — Un militaire peut-il se rendre prisonnier de guerre?

R. — Le devoir et l'honneur interdisent de mettre bas les armes; il n'est qu'une manière honorable d'être fait prisonnier de guerre, c'est d'être pris isolément et lorsqu'on ne peut plus se servir de ses armes.

D. — Si une troupe, pendant le combat, voit ses flancs ou ses derrières menacés par des détachements ennemis, doit-elle en éprouver de l'inquiétude et pour cela se mettre en retraite?

R. — Non. Les soldats ne sont jamais abandonnés à leurs seules forces ; il y a toujours des troupes disposées en arrière pour parer à ces entreprises de l'ennemi : chacun ne doit songer, au combat, qu'à culbuter et exterminer les ennemis qui sont en face. Du reste, la retraite, si rapidement qu'elle soit exécutée, est le mouvement qui expose une troupe aux pertes les plus considérables : il est toujours préférable de marcher en avant.

D. — Quel châtiment encourrait un soldat qui, au combat, pousserait des cris tels que : *Sauve qui peut, nous sommes tournés,* etc.?

R. — Il serait immédiatement, et sans jugement, passé par les armes.

D. — Comment, au moment décisif d'un combat, doit-on aborder l'ennemi?

R. — Qu'ils attaquent ou qu'ils défendent une position, le cri : *En avant!* poussé par les chefs au moment de l'assaut ou de la contre-attaque, est répété énergiquement et avec ensemble par tous les soldats qui, fixant la baïonnette au canon, doivent se ruer tête baissée sur l'ennemi, quel que soit son nombre.

D. — Quelle doit être la conduite du soldat après le combat?

R. — Après la lutte, le soldat doit s'abstenir de toute violence envers le vaincu, et se rappeler que la générosité honore le courage. Les prisonniers de guerre ne sont donc jamais ni maltraités ni dépouillés; chacun doit être traité avec les égards dus à son rang.

RÉCOMPENSES

D. — Quelles récompenses peut obtenir un soldat qui s'est distingué dans un combat?

R. — Quand un soldat a mérité une récompense pour sa belle conduite dans un combat, pour avoir pris un drapeau, un canon, sauvé son général, ou un chef quelconque, ou pour tout autre acte de dévouement, il devient l'objet d'un rapport spécial, d'après lequel le commandant en chef décide s'il doit être cité à l'ordre de l'armée, et, comme conséquence, obtenir de l'avancement, la Médaille militaire, ou être décoré de la Légion d'honneur.

EXÉCUTION DES FEUX

D. — Chez lequel de deux adversaires, la victoire se fixera-t-elle?

R. — Le feu étant le plus puissant moyen d'action de l'infanterie, l'avantage restera, sur le champ de bataille, à la troupe qui sait le mieux ménager son feu pour le moment favorable, fatiguer l'ennemi, l'amener à épuiser ses forces et ses munitions.

D. — A quel danger s'exposent les soldats qui gaspillent leurs munitions?

R. — Une consommation de cartouches prématurée met une troupe à la merci de son adversaire, qui peut souvent se soustraire aux effets d'un feu très-nourri, mais mal dirigé.

D. — Quelles sont les règles pour l'exécution du feu dans le combat?

R. — Les soldats ne doivent pas tirer :
à plus de 250 mètres sur des tirailleurs isolés et abrités;
à plus de 300 à 400 mètres sur une chaîne de tirailleurs à découvert, ou sur des cavaliers isolés;
à plus de 500 à 600 mètres sur des soutiens massés;
à plus de 800 mètres sur des réserves;
à plus de 1,000 mètres sur une batterie d'artillerie.

D. — Les soldats ont-ils le droit, dans certaines circonstances, de contrevenir à cette règle?

R. — Jamais, à moins qu'un officier ne le leur prescrive. Cet officier leur indique alors le but et la hausse.

D. — Les soldats d'une chaîne de tirailleurs peuvent-ils commencer le feu quand ils le jugent à propos?

R. — L'ouverture du feu ne peut avoir lieu que sur l'ordre formel du chef.

D. — Lorsqu'il a été ordonné à quelques hommes seulement de faire feu, que doivent faire ceux qui n'ont pas à tirer?

R. — Rester entièrement défilés, et écouter les indications qui sont données sur les distances de tir et le terrain.

D. — Qu'indique pour une chaîne de tirailleurs le commandement : *A tant de mètres, commencez le feu ?*

R. — Qu'il est permis de tirer lentement sur tout le front.

D. — Comment s'exécute alors ce feu?

R. — Les soldats tirent à volonté, mais sans précipitation; ils attendent le moment où leur coup aura chance d'être efficace et observent son effet. Ils se placent de manière à bien voir le terrain en avant, et ne s'abritent que s'ils peuvent le faire sans inconvénient pour le tir; ils cherchent un appui pour leur arme et visent les groupes ou les officiers, principalement ceux qui seraient à cheval.

D. — Qu'indique le commandement : *Feu rapide ?*

R. — Que chaque soldat doit tirer, avec la hausse de 200 mètres, aussi vite que possible, mais sans cesser d'ajuster dans la direction indiquée.

D. — Est-il permis aux soldats de tirer en marchant?

R. — Non, car il n'est pas possible d'épauler, et les coups passeraient au-dessus de l'ennemi. Les tirailleurs ne font feu que pendant les haltes qui leur sont ordonnées sur des positions avantageuses; en terrain découvert, les tirailleurs se couchent à chaque halte.

D. — A quoi un soldat doit-il porter une grande attention pour l'exécution des feux?

R. — A prendre exactement la hausse indiquée; à diriger tous les coups, quel que soit le genre de feu, sur le but désigné; à ne tirer que le nombre de cartouches prescrit; à pouvoir toujours rendre compte du nombre de coups tirés et combien il lui en reste dans les cartouchières et dans le sac; à régler la rapidité de son tir d'après son efficacité probable en raison de la grandeur et de l'éloignement du but; enfin à observer où portent ses coups, afin de régler son tir.

D. — Un tirailleur ne doit-il s'occuper que des adversaires qu'il a juste en face de lui?

R. — Tout en ayant de préférence l'œil sur ceux-là, il ne perdra pas de vue ceux qui se trouvent à droite et à gauche : souvent il trouvera l'occasion de tirer avantageusement sur un ennemi qui, bien que couvert de face, lui offrira cependant un but favorable.

D. — Que doivent faire les combattants au commandement : *Cessez le feu ?*

R. — Tous doivent immédiatement et rigoureusement cesser de tirer.

D. — Comment fait un tirailleur qui n'a pu voir son caporal ou entendre un commandement?

R. — Il se règle sur ce que font ses voisins; du reste, les tirailleurs doivent se transmettre les commandements à voix basse.

RALLIEMENT

D. — Que doivent faire les soldats qui, pendant le combat, entendent le commandement de *Ralliement ?*

R. — Se porter rapidement, mais en conservant tout leur calme, tout leur sang-froid, au gradé le plus rapproché, et se grouper, soit en ligne, soit en cercle, selon l'indication que donne ce chef.

D. — Le ralliement doit-il faire présumer que l'on va battre en retraite?

R. — Non, le ralliement n'implique pas du tout l'idée de retraite. Souvent, au contraire, un chef rallie sa troupe pour exécuter plus énergiquement un coup de vigueur.

D. — Quels sont les chefs qui ont autorité pour ordonner la retraite?

R. — La retraite ne peut avoir lieu que sur l'ordre précis d'un officier.

COMBAT CONTRE LA CAVALERIE

D. — L'infanterie doit-elle redouter la cavalerie?

R. — Quelle que soit sa formation, l'infanterie n'a rien à craindre de la cavalerie, si elle sait faire usage de son feu à propos et à bonne distance, si elle conserve son sang-froid et reste entièrement dans la main de ses chefs.

D. — Que feront les tirailleurs si la cavalerie ennemie charge en fourrageurs?

R. — Que les soldats sachent bien que le but de cette cavalerie est de les faire se rallier, afin d'offrir un but plus certain à l'artillerie et à la mousqueterie. Les tirailleurs déjoueront ce plan en restant de pied ferme sans se rallier; chacun d'eux suivra de l'œil son adversaire en rechargeant son arme; il ne l'attendra pas en face, mais cherchera à gagner son flanc gauche, ou son flanc droit si le cavalier est armé d'une lance.

D. — Comment agissent des tirailleurs abrités par des obstacles, même peu considérables (tas de pierres, fossés, vignes, broussailles, arbres), contre des cavaliers chargeant en masse?

R. — Il est encore inutile de se rallier; ils se défendront simplement par leur feu. Mais ils auront soin de se tenir à 20 ou 30 mètres en arrière de l'obstacle, s'il est franchissable, pour

éviter que les cavaliers, après l'avoir franchi,
n'arrivent du même élan au milieu d'eux.

D. — Lorsque le terrain est découvert et ne
présente pas d'abris, qu'ont à faire des tirailleurs
contre une charge en masse?

R. — Ils se rallient sur place; les hommes
observent le silence et attendent le commandement pour faire feu. Il suffira même de se coucher au moment où passera la charge, surtout si
celle-ci est poussée à fond.

D. — Que doivent faire des tirailleurs ralliés
dès qu'ils n'ont plus à craindre une attaque
imminente de cavalerie?

R. — Reprendre leur formation en ordre dis-
persé.

DÉFENSE ET ATTAQUE D'UN BOIS

D. — Quelle est la position la plus avantageuse
pour défendre un bois?

R. — Sur la lisière; aussi doit-elle être conservée à tout prix, car elle permet de combattre à
couvert en gardant un champ de tir favorable.

D. — Comment les tirailleurs occupent-ils la
lisière d'un bois?

R. — A défaut de fossé ou de levée de terre, ils
restent derrière les premiers arbres, si l'éclate-
ment des projectiles d'artillerie est à craindre;
dans le cas contraire, ils se placent à quelque
distance en arrière du bord, mais de manière à
bien découvrir le terrain en avant.

D. — Comment garnissent-ils cette lisière ?

R. — Ils occupent le voisinage des routes et des

chemins, les saillants, les points de la lisière où le terrain se relève et les rentrants d'où ils peuvent fournir des feux flanquants.

D. — A quelles règles doit se conformer une chaîne de tirailleurs qui se retire à travers bois?

R. — Les soldats se réunissent à leurs caporaux; les groupes se relient entre eux au moyen d'éclaireurs et à l'aide de signaux. Si le bois est très-épais, on suit les chemins ou l'on diminue les intervalles entre les escouades. Les tirailleurs passent rapidement d'une position à l'autre; ils défendent les coupures successives, les clairières, éclaircies, carrefours, ravins, cours d'eau, et profitent de ces temps d'arrêts pour se remettre en ordre et dans la main de leurs chefs.

D. — Quelle sera la conséquence probable de l'exécution des prescriptions qui précèdent?

R. — C'est qu'un combat à l'intérieur d'un bois amenant la confusion aussi bien chez l'assaillant que chez le défenseur, le succès appartiendra presque forcément à la troupe qui sera le mieux dans la main de ses chefs. Si les défenseurs, quoique repoussés de la lisière, conservent l'ordre dans la retraite, il sera possible à leurs chefs de tendre des embuscades, et une seule contre-attaque vigoureusement exécutée aura souvent pour résultat de rejeter hors du bois un ennemi presque victorieux, mais surpris et en désordre.

D. — Quel doit être le caractère distinctif de l'attaque d'un bois?

R. — La vigueur et l'entrain.

D. — Lorsque, dans l'attaque d'un bois, le point choisi pour l'attaque a été enlevé, que doivent faire les tirailleurs?

R. — Aussitôt que ce point a été pris, les tirailleurs s'étendent le long de la lisière et cherchent à gagner du terrain dans l'intérieur du bois, sans se préoccuper de leurs derrières que protége toujours de très-près une fraction du soutien.

D. — Comment les tirailleurs pénètrent-ils dans l'intérieur du bois?

R. — Ils s'avancent le long des chemins; si le bois est fourré, ils se réunissent par escouades reliées entre elles et couvertes par des éclaireurs et des flanqueurs; ils se dirigent vers les carrefours, les éclaircies et les coupures sur lesquels l'ennemi essaie d'opposer une nouvelle résistance.

D. — Quand, en poursuivant l'ennemi, les tirailleurs rencontrent une clairière, doivent-ils la traverser immédiatement?

R. — Non, à moins cependant qu'ils ne soient sur les talons de l'ennemi. Ils doivent attendre, pour continuer leur mouvement en avant, que cette clairière ait été tournée par les fractions de la ligne qui la débordent à droite et à gauche.

D. — A quoi doivent s'attacher les tirailleurs dans la poursuite de l'ennemi à travers bois?

R. — A ne lui laisser aucun répit et à profiter de toutes les circonstances favorables pour rétablir la liaison entre eux et avec les escouades voisines.

D. — Qu'ont-ils à faire quand ils sont arrivés à la lisière opposée à celle par laquelle ils ont pénétré?

R. — Ils l'occupent solidement et poursuivent l'ennemi de leurs feux, de manière à l'empêcher de s'établir à portée.

DÉFENSE ET ATTAQUE DES LIEUX HABITÉS

D. — Quel sentiment doit prédominer chez les défenseurs de lieux habités?

R. — La résolution de lutter jusqu'à la dernière extrémité. C'est la qualité des soldats, plutôt que le nombre, qui est décisive.

D. — Par quoi est constituée la première ligne de défense d'une ferme, d'un village?

R. — Par les murs de clôture, les haies, les palissades, les fossés, etc., qui forment l'enceinte extérieure. Comme la lisière d'un bois, cette première ligne doit être conservée à tout prix.

D. — Par quoi est constituée la deuxième ligne?

R. — Par les murs des maisons extérieures, des barricades ou des tranchées établies sur les routes.

D. — Comment met-on rapidement une maison en état de défense?

R. — Barricader les ouvertures avec ce que l'on a sous la main; ouvrir des créneaux dans les portes, volets, sous les tuiles des greniers, etc.; raser rapidement les couverts des environs, éloigner les matières inflammables, et se procurer de l'eau pour éteindre les incendies.

D. — Comment est occupée une maison?

R. — Les défenseurs, en petit nombre, se placent sur les points qui leur permettent le mieux d'utiliser leur feu.

D. — Quelles sont les maisons d'une rue qu'il faut occuper de préférence?

R. — Celles de gauche, des fenêtres desquelles les tirailleurs peuvent faire feu sans se découvrir.

D. — Comment met-on un mur de clôture en état de défense?

R. — Si le mur ne dépasse pas la taille de l'homme, on en écrête le faîte de distance en distance. Si le mur est trop élevé, on y pratique des créneaux; mais on fera mieux d'élever au pied du mur une banquette en terre ou avec des planches posées sur des tonneaux, des bancs ou de grosses pierres.

D. — Avec quels matériaux improvise-t-on une barricade?

R. — Au moyen de voitures débarrassées de leurs roues, de terre, de herses, de poutres, de tonneaux, de tas de pavés et d'autres matières encombrantes.

D. — Comment doivent se replier les tirailleurs si l'ennemi s'empare de la lisière du village?

R. — Par des chemins indirects préparés à cet effet et qui leur sont indiqués, en évitant de suivre les rues du village que l'ennemi criblera de feux, et où ils gêneraient le tir des troupes placées en arrière pour les recueillir.

D. — Que doivent faire les éclaireurs d'une troupe chargée d'attaquer un village?

R. — Chercher à se rendre compte des travaux que l'ennemi a pu faire et des dispositions qu'il a prises, pour renseigner leur capitaine.

D. — Quelles sont les parties de la lisière extérieure que les tirailleurs ont avantage à attaquer?

R. — Les saillants, les entrées mal barrées, les parties mal clôturées, etc.

D. — Comment s'établissent les tirailleurs pour attaquer un saillant?

R. — Ils se placent dans le prolongement des faces, de manière à les enfiler ou à les prendre à revers.

D. — Comment agissent les tirailleurs pour s'approcher de la lisière extérieure du village, et l'attaquer?

R. — La chaîne profite de tous les accidents du terrain; elle concentre son feu sur les points qui lui ont été désignés. Dès que les défenseurs semblent faiblir, elle se porte résolument en avant; si un point est mal gardé, elle l'attaque vivement; elle pratique des ouvertures dans les haies et clôtures, tourne les maisons et les barricades, et chemine en détruisant les obstacles, de manière à percer la ligne ennemie et à pénétrer dans l'intérieur de la localité.

D. — Que doivent faire les tirailleurs quand ils ont pu pénétrer dans la localité?

R. — Ils poussent vivement l'ennemi jusqu'à la lisière opposée, sans s'inquiéter des maisons qu'il occupe encore. C'est l'affaire des fractions à rangs serrés de s'emparer de ces maisons.

ARTILLERIE AMIE.

D. — Quels sont les devoirs des fantassins à l'égard de leurs camarades de l'artillerie?

R. — L'infanterie qui combat à proximité de l'artillerie doit veiller à sa sécurité, accourir à sa défense dès qu'elle est en danger, et la défendre avec le dévouement le plus absolu et jusqu'à la dernière extrémité.

D. — Y a-t-il lieu de s'inquiéter quand les projectiles de l'artillerie amie restée en arrière passent par-dessus l'infanterie?

R. — L'infanterie, dans ce cas, ne risque absolument rien; des tirailleurs braves et ayant du sang-froid profiteront, au contraire, du trouble que causent les obus dans la position ennemie, soit pour augmenter les pertes de l'adversaire par un feu nourri et bien dirigé, soit pour se rapprocher de la position à enlever en gagnant du terrain en avant.

ARTILLERIE ENNEMIE

D. — Quelle nature de terrain est la plus propre à annuler les effets des obus?

R. — Les terres labourées, les terrains sans consistance, dans lesquels les obus s'enfoncent et éclatent difficilement. C'est donc en arrière de ces terrains que les tirailleurs prendront de préférence position toutes les fois que ce sera possible.

D. — Lorsque les tirailleurs voient les projectiles tomber tout près d'eux, et qu'ils n'ont pas d'abris pour se protéger, qu'ont-ils de mieux à faire?

R. — Se porter en avant, de manière à dépasser le point de chute des projectiles.

D. — Comment doivent agir des tirailleurs envoyés à l'attaque d'une batterie?

R. — Concentrer de préférence leur feu sur les pièces, et éviter, s'ils le peuvent, de répondre à celui du soutien de la batterie; en s'avançant, éviter de se placer dans la direction de son tir. À 700 ou 800 mètres des pièces, l'avantage est tout entier du côté de l'infanterie. Se rapprocher constamment et sans perdre une minute, tout en continuant un tir ajusté et nourri sur les pièces. Arrivé à bonne portée, se jeter sur la batterie à la baïonnette, et s'emparer des pièces.

D. — Si l'on ne peut emmener les pièces, comment les met-on hors de service ?

R. — En enlevant les hausses, la culasse mobile, les armements, etc., ou en les enclouant.

D. — Que font les tirailleurs si l'artillerie, pour battre en retraite, amène les avant-trains ?

R. — Ils dirigent de préférence leur feu sur les chevaux et les conducteurs.

D. — Comment les tirailleurs poursuivent-ils de l'artillerie qui se retire ?

R. — En visant les attelages.

CHAPITRE VIII

CONSEILS D'HYGIÈNE

D. — A quoi s'expose un soldat qu'une maladie contractée par suite de mauvaise conduite, de débauche ou de négligence, force d'entrer à l'hôpital ?

R. — A être regardé par ses chefs et par ses camarades comme un mauvais soldat; si la guerre vient à éclater, à passer pour un homme sans énergie et sans courage qui fuit les glorieuses misères d'une campagne et le danger du champ de bataille; enfin, à voir ce terrible jugement le poursuivre comme un châtiment jusque dans ses foyers.

Conserver sa santé est donc un des devoirs les plus impérieux du soldat qui a souci de sa réputation.

D. — Quels sont les hommes que les maladies épidémiques atteignent de préférence ?

R. — Les maladies épidémiques, telles que la dyssenterie, le typhus, le scorbut, le choléra, la petite vérole, etc., frappent toujours les hommes épuisés par les excès : ils sont sans force pour résister au mal, et succombent presque inévitablement. Ceux, au contraire, qui sont restés sobres et qui ont évité les excès de tout genre, sont atteints par ces maladies moins souvent et d'une manière bien moins grave.

CUISSON DES ALIMENTS

D. — Comment se fait la soupe ?

R. — Après s'être assuré de la propreté des ustensiles de campement ou de cuisine, mettre dans la marmite une quantité d'eau froide double du poids de la viande (*1 litre d'eau pour 500 grammes de viande*); porter vivement à l'ébullition et ajouter le sel pour faciliter la formation de l'écume qu'on enlève au fur et à mesure. Dès que celle-ci ne se produit plus, diminuer le feu et laisser frémir le liquide, et enfin ajouter les légumes.

D. — Combien de temps faut-il pour faire une bonne soupe ?

R. —Cinq ou six heures sont nécessaires. Cependant si on était très-pressé, on couperait la viande en très-petits morceaux, ce qui diminuerait de moitié le temps de la cuisson.

D. — Quand le soldat reçoit de la viande salée au lieu de viande fraîche, quelle préparation lui fait-il d'abord subir ?

R. — Il la fait dessaler en la laissant séjourner pendant quelques heures dans de l'eau qu'il renouvelle d'autant plus souvent qu'il peut consacrer moins de temps à cette préparation. S'il est possible, on mettra une plus grande quantité de légumes que si c'était de la viande fraîche.

D. — Que fait le soldat si le temps lui fait défaut pour la dessalaison de la viande ?

R. — Il jette l'eau après quelques instants d'ébullition et en met de la nouvelle.

D. — Quelles sont les qualités d'une eau potable?

R. — Elle doit être limpide, de saveur fraîche, n'avoir ni odeur ni couleur, et ne pas laisser un trop grand dépôt quand elle a bouilli.

D. — Quand un soldat est obligé de se servir d'eau stagnante, que peut-il faire pour la purifier?

R. — La passer avec soin à travers un tissu de laine, la faire bouillir quelques minutes, puis l'agiter pour la refroidir et l'aérer.

PRÉCAUTIONS JOURNALIÈRES

D. — Quand un soldat a un besoin absolu de boire, quelle est la boisson la plus salutaire?

R. — De l'eau mélangée avec de l'eau-de-vie, du vin ou du café.

D. — A quoi s'expose l'homme qui boit de l'eau-de-vie à jeun en se levant?

R. — Cette très-funeste habitude donne des crampes d'estomac et supprime l'appétit.

D. — Que faut-il faire pour éviter ces défaillances qu'éprouvent quelquefois les jeunes soldats, surtout à l'exercice du matin?

R. — Manger, en se levant, un morceau de pain et y joindre, si l'on peut, un quart de café.

D. — Pourquoi le règlement prescrit-il de découvrir les lits et d'ouvrir les fenêtres dès que les soldats sont levés?

R. — Parce que les draps de lit, les couvertures,

le matelas, etc., ayant été souillés pendant la nuit par les exhalaisons qui s'échappent de toute la surface du corps, il faut les assainir en les exposant à l'air. D'un autre côté, l'air pur étant la chose la plus nécessaire à la vie, il est indispensable de le renouveler souvent et dès qu'on le peut. Cette mesure est d'autant plus nécessaire que la chambre est habitée par plus de monde.

D. — Quels soins de propreté le soldat doit-il avoir des locaux qu'il habite ?

R. — Il évitera de cracher sur les planchers, d'y répandre de l'eau, de la soupe, etc. ; il les tiendra, en un mot, dans le plus grand état de propreté, pour éviter le dégagement d'odeurs dangereuses, surtout pendant la nuit.

D. — Quels sont les soins de propreté corporelle indispensables à la conservation de la santé ?

R. — En garnison, en route, ou en campagne, le soldat doit se laver tous les jours les mains, le visage, les oreilles, le cou, les dents, etc., et les pieds, surtout après de longs exercices ou une marche, en se gardant, toutefois, de se laver les pieds dans l'eau froide lorsqu'il est en transpiration.
Le soldat doit changer de linge au moins une fois par semaine.

D. — Que faut-il pour bien supporter le froid ?

R. — La première condition, c'est de se donner du mouvement quand on y est exposé : l'immobilité, quand on est dehors pendant les grands froids, amène le sommeil, et bientôt après la mort. Du reste, la résistance au froid s'acquiert par l'habitude ; les hommes toujours à l'air y résistent facilement et sans souffrance.

D. — De quoi doit surtout se défier le soldat pendant les grands froids d'hiver?

R. — Des alcooliques. Si le vin, pris en quantité modérée, aide à supporter le froid, les alcools, pris avec excès, entraînent rapidement et fatalement une ivresse mortelle. Le café est ce qu'il y a de meilleur et n'a pas les mêmes inconvénients.

Plus le refroidissement est subit, plus il présente de danger.

Il faut éviter, quand on a très-froid, de s'approcher de trop près et trop vite du feu.

Dans le cas de congélation il faut frotter la partie congelée avec de la neige d'abord, et puis avec un linge sec, jusqu'à ce qu'elle soit redevenue souple, rouge et sensible. Si on réchauffait trop vite, on amènerait infailliblement la gangrène.

D. — Quels sont les cas les plus fréquents où le soldat risque de se refroidir?

R. — Au sortir d'une chambre ou d'un corps de garde très-chauffés ou quand il est en sueur. Il faut donc éviter de faire de trop grands feux. Il faut aussi se vêtir entièrement quand on sort, pendant la nuit, pour satisfaire un besoin.

D. — Quelle précaution doit avoir le soldat au retour d'une corvée, d'une manœuvre ou d'une marche ?

R. — De ne pas se mettre en bras de chemise, aussi bien en été qu'en hiver, et d'éviter les courants d'air.

D. — Que faut-il faire quand on se sent pris d'un refroidissement subit ?

R. — Se bien couvrir et se livrer à un exercice violent : marche rapide, course, gymnastique quelconque, jusqu'à production de réchauffement et de sueur. Quand la circulation est bien établie depuis quelque temps, on change de vêtements, et l'on n'a plus rien à craindre. Ce moyen est bien plus efficace que de chercher à se réchauffer en s'enfermant dans une chambre et en y restant immobile.

D. — Quelles précautions doit-on prendre pendant les grandes chaleurs?

R. — S'abstenir de boire en abondance de l'eau très-fraîche et de se baigner quand on est en sueur. Boire froid ou glacé quand on est en transpiration, peut amener une congestion et la mort. Avant de boire il faut se reposer, se mouiller les mains d'abord, le visage ensuite; alors seulement on pourra boire, mais à petites gorgées, et mieux encore en se servant d'un chalumeau en paille. Se gargariser suffira souvent pour étancher la soif. Ne jamais sortir tête nue au soleil pendant la saison des chaleurs; les coups de soleil qui frappent la tête sont les plus dangereux et peuvent avoir des suites très-graves.

EN ROUTE OU EN CAMPAGNE

D. — Comment le soldat doit-il choisir sa chaussure pour marcher facilement?

R. — Prendre des souliers longs, ni trop larges ni trop étroits; les bien fixer autour du coude-pied par les guêtres, de façon à ce que le talon ne ballotte pas; toujours conserver au cuir une grande souplesse en le graissant fréquemment.

D. — Quels soins particuliers doit-il prendre de ses pieds pour les marches?

R. — Entretenir la plus grande propreté de ses pieds, mais éviter des bains de pieds prolongés qui attendriraient la peau ; ne porter les ongles ni trop longs ni trop courts, et les couper carrément, c'est-à-dire sans arrondir les coins.

D. — Que faut-il éviter pendant les haltes ?

R. — Il faut, surtout pendant les grandes chaleurs, éviter de se coucher par terre, parce que la couche d'air qui est en contact avec le sol est beaucoup plus chaude et plus lourde, et expose les hommes aux faiblesses (*coups de chaleur*). Il faut donc que le soldat pose son sac, se mette à son aise, mais reste debout. Les hommes qui ont fait quelques marches ont pu remarquer que c'est à ce moment-là, et par suite de l'oubli de cette précaution, que le médecin est le plus souvent appelé.

D. — Que doit faire le soldat à son arrivée à l'étape ?

R. — Après s'être lavé les mains, le visage et les yeux à l'eau fraîche, il se nettoiera les pieds avec un linge mouillé ; puis il les graissera avec du suif, ou mieux les lotionnera avec un mélange d'eau-de-vie et de savon, ainsi que les parties qui sont un peu sensibles ou écorchées. Il mettra ensuite une paire de souliers de rechange.

D. — Comment soigne-t-on les ampoules ?

R. — Traverser, sans la déchirer, la poche d'eau de part en part avec une aiguille et du fil ; laisser le fil dans l'ampoule, en couper les extrémités presqu'à fleur de la peau, et bien graisser le tout.

Si l'ampoule est au talon on y fait des lotions d'eau fraîche, après l'avoir graissée.

D. — Quel est le meilleur moyen pour se remettre des fatigues d'une longue marche ?

R. — Avec la nourriture qui répare les forces,

c'est le sommeil qui rend le mieux au corps toute son énergie. Aussi faut-il donner au sommeil tout le temps dont on dispose, et surtout se coucher de bonne heure.

D. — Quelles précautions doit prendre un homme fatigué, quand il veut se reposer ?

R. — Il est dangereux, quand on est fatigué, de ne pas se bien couvrir pour dormir, même pendant l'été. En campagne, il faut, nuit et jour, porter sa ceinture de flanelle sur la peau du ventre, afin d'éviter les coliques. Quand on couche en plein air ou sous la tente, il faut se couvrir la tête, le haut du visage et le cou, pour éviter les maux d'yeux et d'oreilles.

Ne jamais se coucher en dehors de la tente, quand on en est pourvu.

SOINS A DONNER AU SOLDAT MALADE
EN L'ABSENCE DU MÉDECIN.

D. — Quels sont les premiers secours à donner à un homme qui, dans une marche, tombe épuisé de fatigue ou de faiblesse?

R. — Le débarrasser de son sac, déboucler son ceinturon, déboutonner sa capote ; le coucher ensuite sur le dos, légèrement incliné à droite, en lui élevant un peu la tête, et lui jeter avec force quelques gouttes d'eau sur la face, le cou et la poitrine.

D. — Que fait-on si ces moyens ne suffisent pas pour ramener la sensibilité ?

R. — Lui frictionner fortement les bras et les jambes avec la paume de la main ; puis lui fouetter la face et la poitrine avec un linge mouillé ; lui faire respirer du vinaigre, de l'ammoniaque, ou lui faire brûler sous le nez une allumette soufrée ; enfin presser sur les côtés de la poitrine et la laisser revenir ensuite, et continuer ce mouvement lentement et avec régularité pour rétablir la respiration ; en un mot, imiter le mouvement de la poitrine d'un homme bien portant [1].

D. — Que fait-on dès qu'il y a du mieux dans l'état du malade ?

R. — On lui fait avaler quelques gorgées chaudes d'infusion de thé ou de café, ou, à leur défaut, quelques gouttes d'eau-de-vie.

D. — Quels sont les soins à donner en cas d'un coup de soleil ?

R. — Enlever à l'homme son sac, déboutonner ses vêtements, ôter sa cravate, le coucher la tête élevée, lui couvrir la tête de compresses d'eau froide, lui tenir les pieds chauds ; lui faire boire ensuite quelques gorgées d'eau acidulée, si c'est possible, avec de la groseille, du citron, des oranges.

D. — Comment arrête-t-on un saignement de nez ?

R. — Enlever le sac, déboutonner les vêtements, dénouer la cravate, tenir la tête élevée, faire respirer par les narines de l'eau froide ; mettre sur le front des compresses d'eau froide, ou même de la glace ; placer dans le dos un corps froid, soit une

---

[1] **Nota.** On agirait à peu près de la même manière s'il s'agissait d'un pendu ou d'un noyé : la seule précaution à prendre pour ce dernier, serait de le dépouiller entièrement de ses vêtements, d'enlever la terre qu'il pourrait avoir dans la bouche ou dans le nez, et, par-dessus tout, d'éviter de le suspendre par les pieds ; et ne pas se lasser trop vite. (On a vu des hommes revenir à la vie après plus d'une heure de soins qui avaient paru infructueux jusque-là.)

grosse clef, un fourreau de baïonnette, ou une compresse imbibée d'eau froide ; enfin fermer les narines pendant dix minutes, en appliquant dessus un mouchoir ou de petits tampons de charpie. On arrête souvent le sang rien qu'en élevant, droit contre la tête, le bras correspondant à la narine affectée.

D. — Que faut-il faire quand on a reçu une forte contusion ?

R. — Maintenir sur la partie contusionnée des compresses imbibées d'eau fraîche, en ayant soin de les renouveler à mesure qu'elles s'échauffent, pour diminuer le gonflement et la douleur. Ces compresses seront plus efficaces encore si l'on ajoute à l'eau soit du sel, soit de l'eau-de-vie, soit du vinaigre, ou même du vin rouge.

D. — Quelle précaution faut-il prendre en cas de foulure ?

R. — Indépendamment des mêmes soins que pour une contusion, la partie foulée doit rester dans le repos le plus absolu.

D. — Que faut-il faire quand du sang noir, en grande quantité, s'écoule d'une plaie ?

R. — Appliquer de suite un ou plusieurs doigts sur l'endroit d'où jaillit le sang ; se procurer au plus vite soit de l'éponge, soit du coton, de la charpie, de l'amadou, de la toile d'araignée, du papier mâché ou mouillé, des étoupes, du vieux linge, de la laine, au besoin de la mousse (ce qu'il y a de mieux, c'est l'éponge). Mouler en forme de bouchon celle de ces substances que l'on a trouvée, et appliquer ce bouchon sur la plaie ; le maintenir avec les mains jusqu'à ce qu'on l'ait fixé au moyen d'une bande de toile, ou d'une cravate, ou d'un mouchoir, ou d'une courroie. Une courroie de sac est très-commode, parce qu'on peut la serrer à volonté soi-même et s'appliquer l'appareil si l'on a un bras libre. Il faut que le blessé évite tout mouvement qui dérangerait son appareil.

D. — Que faut-il faire si le sang, d'une couleur rouge vif, s'écoule d'une plaie par jets saccadés, c'est-à-dire projetés comme par une pompe foulante ?

R. — Appliquer un ou plusieurs doigts sur l'endroit d'où jaillit le sang, puis faire une forte compression du membre en appliquant un *garrot*.

Pour cela, on prend une bretelle, ou un mouchoir, ou une cravate, etc., qu'on roule autour du membre, et dont on attache les deux bouts. Cela fait, on passe entre le membre et la cravate l'extrémité d'un petit bâton qui, en tordant la cravate, lui fait exercer une constriction aussi forte qu'on le désire ; on arrête ensuite l'autre extrémité du bâtonnet en l'engageant sous la cravate.

Pour que l'opération soit complète, il faut appliquer sur le trajet de l'artère et au-dessous de la cravate, un corps lisse et résistant, un caillou plat, par exemple, et du côté opposé un morceau de planche, d'écorce d'arbre, ou une plaque de ceinturon sur laquelle on place l'extrémité du bâton qui doit tordre la cravate.

D. — A quel endroit du membre blessé faut-il appliquer le garrot ?

R. — Si la blessure est au pied, à la jambe ou au genou, la cravate devra être appliquée à quatre travers de doigt au-dessus du genou ;

Si elle est à la cuisse, on l'appliquera au milieu de l'aine ;

Enfin si elle est à la main, à l'avant-bras ou au bras, il n'y aura aucun inconvénient à l'appliquer le plus près possible de l'aisselle.

L'engourdissement, le gonflement et la douleur qui surviendront après l'application d'un garrot, ne sont rien en comparaison du danger évité.

D. — De quelle boisson doit se défier tout blessé?

R. — Un blessé doit éviter de prendre une grande quantité d'alcool qui lui serait funeste et augmenterait la fièvre ; cependant, à défaut de café ou de vin, quelques gouttes d'eau-de-vie, de temps en temps, le soutiendront jusqu'au moment où il sera secouru.

TABLE DES MATIÈRES

CHAPITRE III

ENTRETIEN DE L'ARME   46

CHAPITRE IV

NOTIONS DE TIR   52

CHAPITRE V

SERVICE DES PLACES   63

CHAPITRE VI

TRANSPORT DES TROUPES PAR CHEMINS DE FER

CHAPITRE VII

SERVICE EN CAMPAGNE

CHAPITRE VIII

CONSEILS D'HYGIÈNE 158

Évreux, Ch. Hérissey, imp. — 877.

NOTES ET RENSEIGNEMENTS